歌詞裡的文字遊戲

【方文山】FANG WEN SHAN

# 中國風

# 中國風——歌詞裡的文字遊戲

猶記得一年多前曾舉辦過「歌詞大會考」的活動，很多網友對於我將自己創作的歌詞詞句重新註解、溯及源由，以及說明典故出處，並且將此消化成考題一事，迴響頗爲熱烈，也開始理解到原來歌詞裡竟也有那麼多的中文涵義可以發掘。其實當初會想到將自己寫的歌詞彙整編輯成考題，也是源於有些國、高中老師開始活用現代歌詞入題，而觸發我的動機。個人覺得歌詞入考題是個值得肯定的事。由於承載歌詞媒介的商業機制之強勢，歌詞大概是現今流傳度最快與能見度最高的文字了。正因爲如此，你已無法假裝它不存在或沒影響力。不過流行音樂主要的目的是爲傳唱，詞意的描述偏重口語與情緒的字眼，也因此相當一部分的詞意在文字上並沒有討論咀嚼的空間。但台灣畢竟是華語流行音樂的重鎮，還是有很多適合入題的優秀作品等待發掘。

其實我之前一直在尋找如何將創作過的歌詞集結成書的切入點，因爲單純出歌詞集並不妥當，畢竟歌詞要能朗朗上口，必須要有相當一部分使用淺白直接的口語。以文章的標準來審視，這種口語文字的內涵經不起推敲，詞意的經營顯得很薄弱，語法結構鬆散，並不像新詩般有比較深入、可以咀嚼的文字張力，我認爲並不具備單獨被閱讀的樂趣。但在歷經「歌詞大會考」的文字資料彙整後，觸發了我一個靈感，其實我可以針對歌詞中的特殊名詞做個註解整理，如此一來，歌詞不再只是歌詞，還能延伸出相關涵義與知識，讓人吸收理解，況且我所創作的中國風歌詞有相當一部分是適合拿來做爲修辭學教材範本的。我想從流行音樂的歌詞內容導入文學的領域，可謂寓教於樂，比較不那麼生硬與八股，教學上也比較靈活輕鬆，容易引起學生族群學習的興趣。

在這本《中國風—歌詞裡的文字遊戲》的新書裡，除了收錄與杰倫搭檔的創作，如「娘子、上海一九四三、雙截棍、龍拳、爺爺泡的茶、東風破、雙刀、亂舞春秋、髮如雪、霍元甲、千里之外、本草綱目、菊花台、黃金甲、無雙、青花瓷、周大俠」等十七首之外；還有與其他藝人合作的作品，包括「胡同裡有隻貓、刀馬旦、敦煌、茶湯、千年之戀、牡丹江、花戀蝶、小小、夢紅樓、女兒紅、棋王、大敦煌、鷹之戀、風沙、祥龍十八掌、嘻遊記、祭魂酒」等十七首，總計收錄三十四首中國風的歌詞創作。我將這些中國風歌詞依其編輯需求的不同，內容上劃分爲三個區塊：一是「關鍵字解釋」，找出歌詞裡出現的關鍵字源由，並從古典詩詞與天文地理中去解釋其創作典故，內容總計收錄有「禪定」、「霸王別姬」、「龜苓膏」、「北大荒」、「豆腐」等一百二十九個語詞出處。二是「歌詞修辭學」，我將歌詞創作時所使用的修辭技巧做一個詳盡的解釋，讀者可在觀賞流行歌詞的同時，輕鬆了解到十六種修辭法的基本概念。最後，書末還精心了設計了一百道由簡入繁、由淺而深的「國學常識選擇題」，內容取材五花八門，饒富趣味，讓讀者能一邊悠遊於歌詞裡的文字遊戲，一邊又加深、吸收了國學常識，眞的達到寓教於樂的功能，讓艱澀的國學變得平易近人！自五四運動詞詩徹底分家後，新詩基本上已經成爲純文學的一員，極少與旋律產生互動；歌詞則完全依附著音樂發展，詞意不再講究文學性。因此，我想這次將歌詞知識化的舉動，應該是流行歌詞首度對國學領域做出較爲整體的顯著貢獻吧！

方文山

鑄千斤鍾與仙佛像圖

# 壹・歌詞關鍵字註解

1999

## 胡同裡有隻貓

胡同裡有隻貓　志氣高　他想到外頭走一遭
聽說外頭世界啥都好　沒人啃魚骨　全吃漢堡
胡同裡有隻貓　往外跑　離開他那群姊妹淘
來到繁華大街上尋找　傳說夾著牛肉的麵包
他這邊兒搞搞　那兒瞧瞧　連殘羹剩餚　都吃不著
他的家鄉話無人知曉　連侃大山都沒人肯聊
他尋不著　啾不到　那傳說中的美好
想起胡同裡的姊妹淘
他抹不掉　忘不了　昔日的種種驕傲
傷心的淚直往下掉

---

【胡同】

北方人稱小巷道爲胡同，源自蒙古語稱巷弄的音譯。蒙古人建立元朝，將此語帶入中原，原義爲水井，日常生活離不開井，引申爲人們居住的巷道，亦譯作「衚衕」。元代文獻已多見，如王實甫《麗春堂》：「更打著軍兵簇擁，可兀的似錦衚衕。」之後更出現在許多文學作品內，顯示百姓居住的建築樣貌，例如《紅樓夢》：「他是東胡同子裡璜大奶奶的姪兒，那是什麼硬正仗腰子的，也唬我們來了。」或《老殘遊記》：「府裡南門大街西邊小胡同裡，有一家子，只有父女兩個。」其實不是只有北京有胡同，天津等北方城市也有胡同，但在我們一般人的認知中「胡同」相當程度已與北京畫上等號，爲北京平民文化的象徵，如同弄堂之於上海一樣，都是該城市的特色建築。

他尋不著　啾不到　那傳說中的美好
想起胡同裡的姊妹淘
他抹不掉　忘不了　昔日的種種驕傲
別人的土地再美好　也比不上自個兒的巢

---

【侃大山】

「侃大山」是北京的流行語，表示聊天閒扯。據說最早作「砍大山」，意指吹牛胡說，由於「砍」和「侃」諧音，而「侃」多與說話成詞，如調侃，所以成「侃大山」。也有人將「侃大山」簡化爲「侃山」，喜歡閒扯者也被戲稱侃爺、侃奶奶、侃爺兒、侃姐兒。「侃大山」等此類流行語往往帶有地域特色，如台灣相對應的流行語爲「打屁」，意指閒扯聊天之意。

2000

# 娘子

娘子卻依舊每日折一枝楊柳　妳在那裡
在小村外的溪邊河口默默等著我
娘子依舊每日折一枝楊柳　妳在那裡
在小村外的溪邊　默默等著

一壺好酒　再來一碗熱粥　配上幾斤的牛肉
我說店小二　三兩銀夠不夠
景色入秋　漫天黃沙掠過　塞北的客棧人多
牧草有沒有　我馬兒有些瘦

世事看透　江湖上潮起潮落
什麼恩怨過錯　在多年以後
還是讓人難過　心傷透
娘子她人在江南等我　淚不休　語沉默

---

【江南】

「江」特指「長江」，「江南」也就指長江中下流域。基本上以南京至蘇州一帶爲核心，包括安徽、江西、浙江的部分地區，並涵蓋洞庭湖、鄱陽湖和太湖三大水系。江南有三大名樓：武漢的黃鶴樓、岳陽的岳陽樓以及南昌的滕王閣，三處古蹟皆保存許多名人墨客流傳千古的詩文，最有名的當屬崔顥的《黃鶴樓》，連李白讀後也爲之慚愧：「昔人已乘黃鶴去，此地空餘黃鶴樓。黃鶴一去不復返，白雲千載空悠悠。」江南風光旖旎，清乾隆皇帝特別以出巡之名，六次下江南賞遊。江南因爲地理位置多雨，河川支流眾多，土地肥沃，物產富饒，人民生活遠較寒冷的北方容易。也因此，「煙雨江南」、「小橋流水」等描述江南特有之地理景觀的詞彙，也成了文人雅士吟詩頌詞時所欽羨與寄託之地。

娘子卻依舊每日折一枝楊柳
在小村外的溪邊河口　默默的在等著我
家鄉的爹娘早已蒼老了輪廓
娘子我欠妳太多

天涯盡頭　滿臉風霜落寞
近鄉情怯的我　相思寄紅豆　相思寄紅豆
無能爲力的在人海中漂泊　心傷透
娘子她人在江南等我　淚不休　語沉默

---

【塞北】

又稱塞外，指長城以北，包括內蒙古、甘肅和寧夏北部、河北省外長城以北的乾燥地帶，人民多逐水草而居。位於塞北地區的河西走廊，爲古絲路必經之路、歐亞間的通衢要道，來往人種繁多，文化多元。因爲乾燥袤廣，塞北總給人黃沙漫天的荒涼感，在文學詩詞上常對比錦翠繁華的江南，例如溫庭筠的《玉蝴蝶》：「秋風淒切傷離。行客未歸時。塞外草先衰。江南雁到遲。」其實塞北一詞是相對應中原（河南一帶）而言，漢民族習慣以自己爲世界的地理中心，然後去賦予周遭環境相對應之地理名詞，如塞北、西域、嶺南、關東，以及東瀛等。

【客棧】

客棧爲中國古代提供旅人食宿或暫歇之所，也就是今日的旅館，只不過當時的客棧還可存放穀物。客棧一詞最早可回溯到《周禮．地官．遺人》：「凡國野之道，十里有廬，廬有飲食，三十里有宿，宿有路室，路室有委，五十里有市，市有候館。」其中「廬」、「宿」和「市」即爲客棧。古代客棧還分公營與民營，民營客棧叫做「逆旅」，由於較無管理，故龍蛇雜處。秦商鞅在《商君書》中就建議廢掉逆旅，關掉亂源，讓百姓回歸農事，開墾耕作：「廢逆旅，則姦僞躁心私交疑農之民不行。逆旅之民無所於食，則必農，農則草必墾矣。」而客棧因其設置的用意在於提供過往行人投宿，所以出入複雜，三教九流人士皆有。但也因此有相對豐富的人生故事可採擷，故成爲電影場景與武俠小說裡常出現之場景，如香港導演胡金銓1967年的電影《龍門客棧》，所有的故事情節就都圍繞著客棧發生。

【楊柳】

有一說「柳」諧音「留」，而柳絮紛紛象徵離別愁緒，因此楊柳在中國詩裡通常是分離的象徵。此一意境的使用，最早見於《詩經．小雅采薇》：「昔我往矣，楊柳依依；今我來思，與雪霏霏。」宋人柳永的《雨霖鈴》：「今宵酒醒何處，楊柳岸、晚風殘月。」一文更是點出離別的冷清心境。而現代詩中，如鄭愁予的《錯誤》：「東風不來，三月的柳絮不飛。」描述的則是等待歸人的少婦心情。楊柳也就是柳樹，因騷人墨客的偏好，出現在古詩詞的次數很多。另外宋詞裡芭蕉出現的頻率也很高，因爲芭蕉爲多雨的江南很普遍的觀賞植物。古畫裡也常出現柳樹與芭蕉此二種具代表性的植物。

【店小二】

舊稱旅店或酒館中的侍者。「店小二」首見於元朝一無名氏所寫的文章：「自家店小二的便是，在這牢山店賣酒爲生。」在以前，市井小民並沒有名字，多以排行稱呼。有一說「小二」曾是某家客棧的夥計名；而通常老闆叫做店老大，叫夥計爲小二，倒也合情合理。此外，《水滸傳》第三回也提到「小二」：「兩邊過路的人，都立住了腳，和那店小二也驚的呆了。」從《水滸傳》以降的小說戲曲裡都叫侍者做「店小二」，久而久之也沿用成習了。漸漸的「店小二」一詞也成爲章回小說與武俠電影裡頗具代表性的古代人物身分的專有語彙，「客官」、「掌櫃」以及「東家」等皆是。

【三兩銀】

中國在宋代開始把銀當貨幣，但「銀兩」則是明代中後期一種貨幣制度，以銀來稱重做爲貨幣。因銀以計算重量的單位「兩」計，故稱銀「兩」，銀錠、銀圓、銀錢就是它具體的鑄幣。明代中後期以銀兩作爲納稅的法定通貨和財政收支的計算單位，並規定了銀兩與銅錢之間的比價關係，銀兩制度略具雛形。宣統元年清政府設立鑄幣局，統一發行銀幣。1935年國民政府實行貨幣改革，放棄銀本位，改發行法定貨幣，銀幣於是不再具有法定的地位。貴州有句古老的俗諺即是以銀兩爲調侃對象：「天無三日晴，地無三里平，人無三兩銀。」此諺語形容貴州當地物產的貧瘠。

【紅豆】

就像孟姜女哭倒長城，將相思之情寄託在圓潤飽滿的紅豆上，背後也有淒美的故事。相傳漢代有男子防守邊疆，全軍回鄉後，獨不見他一人。他的妻子整日倚樹等待，最後泣血而死，眼淚往上升到樹梢，後來結出黑紅相間的果實，稱爲「紅豆」，又名「相思子」。從此，紅豆成了相思的浪漫代名詞。不過這裡的紅豆跟我們一般吃的紅豆並不一樣，形狀偏像豌豆。以紅豆寄情，最有名的，當屬王維的《相思》：「紅豆生南國，春來發幾枝，願君多採擷，此物最相思。」而曹雪芹的《紅豆詞》也是令人朗朗上口：「滴不盡相思血淚拋紅豆，開不完春柳春花滿畫樓....」

2001

## 上海一九四三

泛黃的春聯還殘留在牆上
依稀可見幾個字歲歲平安
在我沒回去過的老家米缸
爺爺用楷書寫一個滿

黃金葛爬滿了雕花的門窗
夕陽斜斜映在斑駁的磚牆
鋪著櫸木板的屋內還瀰漫
姥姥當年釀的豆瓣醬

我對著黑白照片開始想像
爸和媽當年的模樣
說著一口吳儂軟語的姑娘緩緩走過外灘

---

【一九四三】

1943年，民國32年，歲次癸未年，同時也是滿洲國康德10年，日本昭和18年。這一年中國政治版圖內出現六個政權，分別是英國所租借管轄的殖民「香港」，一個是不受中國政府統治而由西方列強管轄的「上海租借地」，一個是尚處日本統治下的「台灣」，另一個則以清朝遜帝愛新覺羅‧溥儀爲國家元首受日人操控的傀儡政權「滿洲國」，此外還有日軍扶持下的南京「汪精衛政權」，以及抗戰時期遷都重慶的「國民政府」等。1943年對上海這個城市而言是個歷史上很重要的年分，因爲在這一年，代表當時中國政府汪精衛政權經過對日交涉，收回所有上海的租界，歷時近百年（1845年－1943年止）的上海租界宣告結束。1943年，同時也是第二次世界大戰（1939年－1945年）與對日八年抗戰期間所謂兵荒馬亂、動蕩不安的年代。

消失的 舊時光 一九四三
在回憶 的路上 時間變好慢
老街坊 小弄堂 是屬於那年代白牆黑瓦的淡淡的憂傷
消失的 舊時光 一九四三
回頭看 的片段 有一些風霜
老唱盤 舊皮箱 裝滿了明信片的鐵盒裡藏著一片玫瑰花瓣

---

【楷書】

相傳是東漢王次仲將隸書去掉筆畫尾部挑法後，端正工整的楷書才於焉成形。魏晉以後，楷書成爲我國文字之正體，鍾繇《賀捷表》爲楷書法式之完備者；唐《開成石經》所作的標準楷書成爲後世規範。唐歐陽詢、唐顏眞卿、唐柳公權、元趙孟頫，被尊稱爲「楷書四大家」。楷書也是漢字自甲骨文、金文以後，在篆、隸、楷、行、草中相當重要的一段演變過程，因字型已發展至成熟完備，故時至今日電腦的字體中均有標楷體、楷書體等字型爲現代人所選用。

【吳儂軟語】

吳儂軟語就是吳語之一的蘇州方言，特點是「軟」，話音溫軟輕柔，語調平和，速度適中。徐志摩有篇隨筆《吳語》，就點到了吳儂軟語的精神：「吳儂軟語，傾藉一時，蓋柔轉如環，令人意消也。」基本上吳語是種很古老的方言，漢代揚雄《方言》和許慎《說文解字》就已有相關記載。而蘇州話加上寧波話與蘇北話則揉合成了上海話，成爲現代吳語的代表。順道一提的是，吳儂軟語中的「儂」也是上海話的「你」，「謝謝儂」，也就是「謝謝你」。

【外灘】

外灘是上海外黃浦灘的簡稱，東臨黃浦江，西面可說是中國的金融中心。1840年代後期，英法等國搶佔外灘，在此建立租界，洋行林立，商業繁榮，進而陸續蓋起象徵權力的建築，因此外灘面積雖不大，卻集中了二十餘幢不同時期與風格的建築，有「萬國建築博覽」之稱。但這上海租界和外灘建築群卻也象徵了中國近代悲慘不堪的侵略史。不過，歷史在這裡出現一個弔詭的反諷現象，那就是上海當初若非成爲了各國租界，也不會留下宏偉的西式建築，這些建築全面取代黃浦江邊原本低矮狹小的明清時期的屋宇。如此一來，竟反而增添了上海國際都會的氣派與格局。外灘上租借時期的西式建築，早已成爲上海最重要的城市地標與觀光資產。

【春聯】

春聯最早是由避邪驅鬼的桃木所做的桃符演變而來。最早的桃符上原本畫著「神荼」、「鬱壘」兩位鬼王的畫像，後來改以兩者的名字替代。根據普遍流傳的說法，最早的春聯文字是蜀後主孟昶於歲末除夕前寫的「新年納餘慶，佳節賀長春」，當時的春聯仍叫桃符；直到明太祖朱元璋命人在門邊貼上寫在紅紙上的對聯，春聯的名稱才正式確定。春聯除了左右對聯外，尚有橫批。另外，將「福」及「春」字倒過來貼，象徵「福到」、「春到」，也蔚爲風氣。春聯也是漢字文化裡獨特的庶民文化之一，因爲唯有方塊漢字才具備文字對仗的美感，以及書法字形字義上的美學藝術。

【弄堂】

弄堂爲巷弄的俗稱，是上海的特色建築，和北平「胡同」一樣是住宅俗話，型態爲鄰里間的小巷子，狹窄而門户相接、雞犬相聞。也作「衖堂」。在繁華的上海大城，有著無數隱蔽冗雜的弄堂，常出現在描寫老上海的文學作品之中，其中以張愛玲最具代表性，她筆下人物故事，多發生在弄堂公寓裡，弄堂因而被賦予了老上海的時代風情。另外上海還有一種特色建築爲「石庫門」。但「石庫門」並非傳統的中國建築，它與胡同、弄堂不同之處在於「石庫門」的建築形式只存在於上海此一租借地，它基本上是列強在上海租借時，因應當初地狹人稠所採用的一種中西合壁的建築形式。2000年的落成的「上海新天地」商業區即爲大量保留「石庫門」的特色建築。

2001

## 雙截棍

岩燒店的煙味瀰漫　隔壁是國術館
店裡面的媽媽桑　茶道　有三段
教拳腳武術的老闆　練鐵沙掌　耍楊家槍
硬底子功夫最擅長　還會金鐘罩鐵布衫

他們兒子我習慣　從小就耳濡目染
什麼刀槍跟棍棒　我都耍的有模有樣
什麼兵器最喜歡　雙截棍柔中帶剛
想要去河南嵩山　學少林跟武當

幹什麼　幹什麼　呼吸吐納心自在
幹什麼　幹什麼　氣沉丹田手心開
幹什麼　幹什麼　日行千里繫沙袋
飛簷走壁莫奇怪　去去就來

註：幹什麼（客家話）

---

【鐵沙掌】

鐵沙掌就是將鐵沙浸入特定藥材後，再置入麻袋中，然後透過功法練習而來的掌上眞功夫，可攻可守，練久後，可劈磚裂石。特技節目中常見的劈磚頭，就是鐵沙掌一種。鐵沙掌看似剛強，實則柔韌，練習時最大秘訣在於放鬆，否則只會傷到自己。鐵沙掌非專屬某一門派，各武功領域都有自家的鐵沙掌。

一個馬步向前　一記左鉤拳　右鉤拳
一句惹毛我的人有危險　一再重演
一根我不抽的菸　一放好多年　它一直在身邊

幹什麼　幹什麼　我打開任督二脈
幹什麼　幹什麼　東亞病夫的招牌
幹什麼　幹什麼　已被我一腳踢開

快使用雙截棍　哼哼哈兮　快使用雙截棍　哼哼哈兮
習武之人切記　仁者無敵　是誰在練太極　風生水起
快使用雙截棍　哼哼哈兮　快使用雙截棍　哼哼哈兮
如果我有輕功　飛簷走壁　爲人耿直不屈　一身正氣
快使用雙截棍　哼　我用手刀防禦　哼　漂亮的迴旋踢

【金鐘罩】

金鐘罩，顧名思義即是「有一金鑄之鐘覆罩全身」，強調其外力難以進入攻擊。少林四大神功之一，爲達摩禪師所創，共有十二關，練成後天下無敵，刀劍難損。初練時，用布綑成一錘，在身上前後捶擊，直到不痛，再換木棰；木棰擊而不覺痛，再換鐵錘；鐵錘亦不覺痛時，便配之以揭諦功及鐵布衫等練功法，練習個二、三年，胸背將堅如鐵石，而且骨骼會凸壯成一大塊。金鐘罩與鐵布衫是中華武術基本功裡的外功，另外洗髓功與太極導引術等則爲基本功裡的內功。

【鐵布衫】

鐵布衫，望文生義即爲「身穿鐵製之衣衫」，意指全身如鋼鐵般能抵抗外力之任何攻擊。鐵布衫之練法在於用軟布環繞胸背數圈，再用手著力搓摩，然後做肘臂曲伸練習。夜間宜以堅硬的木板爲床，讓骨骼時常與堅硬物體接觸磨練，久了筋骨將漸漸堅實。之後將鐵杆插入沙地中，於其上練習種種功夫，但要下杆時，以上身肩、背、胸、腹、臂等部位撲向沙中，行之三年，再除掉纏繞身上的軟布，以木棰捶擊，同時運氣凝神斂力。如此再過三年，上身就會綿軟如棉，鐵布衫就練成了！鐵布衫與金鐘罩一樣均是習武之人的基本外功之一。

【雙截棍】

雙截棍武術中一冷兵器，由兩支中間以鐵鏈連在一起之棍子所組成。因武打巨星李小龍經常使用之故，很多人誤以爲雙截棍是中國傳統武器的一種。其實雙截棍發源菲律賓。李小龍從菲律賓武術家Guro Dan Inosanto身上認識到這種武器後，甚爲熱愛，成了耍雙截棍之高手，並將它發揚光大。自《精武門》一片開始，李小龍把雙截棍武術帶進電影銀幕中。雙截棍並未列入中國古代十八般武藝的兵器中，即施耐庵《水滸傳》中所載的十八般武藝爲「矛、錘、弓、弩、銃、鞭、金間、劍、鏈、撾、斧、鉞、戈、戟、牌、棒、槍、扒。」

【少林】

少林功夫是中國武術中體系最龐大的門派，武功套路高達七百種以上，又因以禪入武，習武修禪，又有「武術禪」之稱。少林武術發源於嵩山少室山下叢林中的「少林寺」，該寺建於北魏孝文帝時期，根據《魏書》記載：「又有西域沙門名跋陀，有道業，深爲高祖所敬信。詔於少室山陰立少林寺而居之，公給衣供。」唐初，少林寺十三僧人因助秦王李世民討伐王世充有功，受到唐朝封賞，而被特別認可設立常備僧兵，因而成就少林武術的發展。少林寺因武藝高超，享譽海內外，少林一詞也成爲中國傳統武術的象徵之一，如古龍小說中的「七大門派」即爲「少林、武當、崑崙、峨嵋、點蒼、華山、海南」等派別，其中少林即位居第一門派。

【武當】

「武當」之名取自「非眞武不足當之」，相傳道教信奉的「眞武大帝」就是在此得道升天。武當山位於湖北省，古名太和山，山上有七十二峰。雖然唐代時武當山上就開始建造道觀，但眞正的黃金時期卻是在明代。如今武當山的道觀建築群已被列入世界遺產。「北崇少林，南尊武當」，與少林功夫齊名的武當派武功由張三丰創設，是爲「内家拳法」，屬於太極拳法，剛柔相濟，有後發先至、四兩撥千斤的特點。武當山與少林寺均因精湛淵博的武術爲世人所尊崇，亦是武俠小說中重要的名門正派之一。

【任督二脈】

以人體正下方雙腿間的會陰穴爲起點，從身體正面沿著正中央往上到唇下承漿穴，這條經脈就是任脈；督脈則是由會陰穴（也有人說是長強穴）向後沿著脊椎往上走，到達頭頂再往前穿過兩眼之間，到達口腔上顎的齦交穴。任脈主血，督脈主氣，爲人體經絡主脈。任督二脈若通，則八脈通；八脈通，則百脈通，進而能改善體質，強筋健骨，促進循環。任督二脈在中醫診脈與道家導引養生上相當重要，同時也因武俠小說裡渲染與誇張的描述，如可藉由武功高強之人打通自身的任督二脈等，任督二脈一旦被打通，武功即突飛猛進，故也成爲一般人最爲熟知的氣脈名稱。

【太極】

太極拳的創始眾說紛紜，不過現代的太極拳法可說是發源自大陸河南省陳家溝，由明末戰將陳王廷所創，其拳法綜合當時各家之長，並融合太極陰陽法則、吐納氣功與中國經脈之說。《易傳．繫辭傳》寫道：「易有太極，是生兩儀。兩儀生四象，四象生八卦。」可說是太極概念最早的詮釋。到了宋代，太極被解釋爲宇宙萬物即將湧動變化前的狀態，而一動之後，則形成陰陽兩儀，進而生四象八卦，從此生生不息。太極之概念除中國本地外也影響了東亞某些國家，如韓國的國旗即爲「太極旗」，旗幟由白底、青紅圓形太極及四角四卦所組成。太極旗中央太極的青色和紅色分別代表陰和陽、天與地，四角的卦表示陰陽成長。太極旗可說毫無保留透露出韓國深受著中華傳統文化的影響。

【輕功】

電影或武俠小說中總形容輕功起如飛燕掠空，落如蜻蜓點水，著瓦不響。事實上輕功並沒有眞讓人厲害到騰空飛躍來去而不墜，不過練習輕功的確可讓人身體靈活，行動更爲靈敏，跳躍力與彈性大增，所以是種武術修煉方式。有種常見的輕功練法叫做鐵錫碑，也就是在身上帶鉛、穿鐵衣鐵鞋練習蹲跳、行走等。一般來說，沒有三、五年工夫是無法練好輕功的。輕功的鍛鍊實際上爲人體慣性的一種反射，當身體長久以來習慣某種重力的力道，一旦重力卸除，身體對跑步與跳躍之反應確實會不一樣，變得更加快速與敏捷。輕功因違反地心引力的慣性，使人體在三度空間裡彈跳與移動發揮到極致，故已成爲功夫（武俠）類型的電影裡相當重要的視覺元素。

【國術館】

中國文化裡面，除了武藝外，還包含了雜藝、技藝、醫療與養生等，這些合起來稱爲國術。也就是說，國術鍛鍊下來，可讓人健身、防身與修身。國術館顧名思義就是綜合以上目的成立的場所。不過目前坊間的國術館主要功能卻是專治筋骨、扭傷以及多年舊疾等運動傷害，包括徒手經絡按摩、推拿、放血、氣功及貼藥膏等，集民俗療法之大觀。現分布在海內外華人社群裡的國術館與中藥店，堪稱爲最具民族文化特色的行業。

【東亞病夫】

東亞病夫是外國人對中國人的蔑稱，一開始是出現在十九世紀末上海一份英國人辦的報紙上，不過當時不稱「東亞病夫」，而是「東方病夫」，直到1936年第十一屆奧運在柏林舉行，中國幾乎全軍覆沒，新加坡報紙上因此刊載了一幅外國漫畫諷刺中國人。漫畫上有面奧運五環旗，下面有群蓄長辮、穿馬褂、面黃肌瘦的中國人，用擔架扛著一顆大鴨蛋，而題爲：「東亞病夫」。這個詞明諷中國人身衰體弱，卻也暗刺中國人思想沉痾難起，封閉落後。華人社會對「東亞病夫」此一名詞的主要印象來自於李小龍1927年的電影《精武門》，電影裡有段情節爲李小龍扛了一塊「東亞病夫」的招牌到日本人的武道館，並在日人面前將其踢破砸爛的經典畫面。

【楊家槍】

楊家槍屬長槍，是北宋名將楊業（約生於西元十世紀末）一門流傳下來的槍法。楊家將刀、劍、棍、槍等武功無所不精，但最有名仍屬楊家槍，靠著這套槍法，楊家勇士揚威沙場，立下汗馬功勞。一般民間流傳的楊家將軼聞故事，多半涵蓋楊業以來楊家五代的功業，而其中不僅是男子，楊門女將更是巾幗不讓鬚眉，佘太君、穆桂英等人，豪氣膽識完全令人折服。

【茶道】

中國人飲茶的歷史，可上溯至神農氏嘗百草的時代，唐代陸羽《茶經》便記載：「茶之爲飲，發于神農氏，聞於魯周公。」陸羽對茶有很深的造詣，時人稱之爲「茶神」、「茶仙」，進而被尊爲「茶聖」，著有《茶經》一書。《茶經》對唐宋飲茶之風，有推波助瀾之勢，也是中國茶道最早與具體的指導原則，以後茶書皆依此改良。雖說日本的飲茶文化由中國傳入，但「茶道」此一漢字詞彙卻是日本人率先使用的。日本茶道有許多流派，十分講究奉茶的儀式細節，動作與器具也有專稱，諸多茶道流派也分門表示地位與修養。中國與日本茶道繁縟，皆具各自飲食文化的象徵意涵與藝術。

2001

# 刀馬旦

明明早上人還在香港
還在九龍茶館喝褒湯
怎麼場景一下跳西安
我在護城河的堤岸

站在古老神秘的城牆　月光搖又晃
我用英語跟小販交談
突然畫面一下就全暗

我　還在想　到底身在何方
我　變模樣　是個華裔姑娘
我　開始想　認眞細心裝扮
我　回台上　終於輪我上場
要花槍　一個後空翻

---

【馬步】

馬步是練習武術最基本的樁步，因此有「入門先站三年樁」、「要學打先紮馬」的說法。馬步樁雙腳分開略寬於肩，採半蹲姿態，因姿勢有如騎馬一般，而且如樁柱般穩固，因而得名。馬步蹲得好，可壯腎腰，強筋補氣，調節精氣神，而且下盤穩固，平衡能力好，不易被人打倒，還能提升身體的反應能力。馬步是練武前的基本功之一，所謂「練拳不練功，到老一場空」，意指空學那些拳譜套路上的招式，而沒有實際進行全身肌肉的重力與耐力訓練，最終將會淪爲花拳繡腿。

腰身跟著轉　馬步　紮的穩當
耍花槍　比誰都漂亮
接著唱一段　虞姬和霸王

耍花槍　舞台的戲班
二胡拉的響　觀衆　用力鼓掌
耍花槍　比誰都漂亮
刀馬旦身段　演出風靡全場

一口糧　一張床　一面牆　一扇窗　我灑下一地月光
一次種下　一畝高粱　一個人在北大荒
一碗熱湯　啊　溫暖了我一個晚上
一匹蒼狼一身風霜　走過絲路回家鄉

---

【二胡】

二胡爲胡琴的一種，而胡琴的名稱最早見於唐代，當時少數民族所使用的樂器皆統稱爲胡琴。二胡之所以得名，是因爲它只有兩根弦。而在宋代陳暘的《樂書》中曾提到一種「奚琴」：「奚琴本胡樂也，出於弦而形亦類焉，奚部所好之樂，善其制，以竹紮之，至今民間用焉。」據傳就是二胡前身，只是奚琴不像今日的二胡是以弓拉奏，而是以竹片彈撥的。

【刀馬旦】

刀馬旦是國劇裡「旦」的角色之一，所謂「旦」指的是各種不同年齡與身分的女性角色。刀馬旦專演巾幗英雄，提刀騎馬、武藝高強，身分大多是元帥或大將，因此以氣勢見長，例如穆桂英、樊梨花等等。刀馬旦在表演上唱、唸、做並重，雖也需要開打，但打鬥場面不如武旦激烈，而是較重身段，強調人物威武穩重的氣質。相較於其他國劇（京劇）角色的專有名詞，刀馬旦此一稱謂更因徐克導演1986年的同名電影而廣爲人知。

【北大荒】

「百里無人斷午煙，荒原一望杳無邊。」講的就是嫩江流域、黑龍江沿河平原與三江平原一帶的廣大荒蕪地區，即一般所知的北大荒。這裡並非自古以來就荒涼無人開墾，曾經擊敗遼與北宋的女眞人就在此生存發達。清朝時滿人大量入關，俄國勢力趁虛進入；加上清王朝爲了鞏固祖先的龍脈，嚴禁漢人進入東北地區，使得邊境千里人跡少見。直到中國五十年代進行大規模開墾，經營農場，才使得北大荒變成了如今的北大倉。

【耍花槍】

中國古代的槍是一種在長桿上裝銳利尖頭、尖頭下配以槍纓的武器。不同用途的長槍長度也不一樣：車戰、騎戰以及防禦的槍較長，步戰與進攻用的槍則短多了。至於花槍，其槍桿長五尺，頭如梭，槍頭下繫紅纓，耍弄時因槍桿細，所以槍頭容易抖動不停，敵方難以捉摸槍尖方向，使人眼花繚亂，故得此名。

【霸王別姬】

「力拔山兮氣蓋世，時不利兮騅不逝；騅不逝兮可奈何，虞兮虞兮奈若何。」這首《垓下歌》是楚霸王項羽（前232年－前202年）被劉邦逼到垓下時，與寵妃虞姬所唱的曲。一曲既罷，虞姬自刎而死，項羽則率精銳突圍，但仍被逼困在烏江，最後只留下「縱江東父兄憐而王我，我何面目見之？」後也自刎身亡。項羽與虞姬最後的訣別，就這麼成了傳唱千古的淒美絕響。《霸王別姬》也是京劇相當重要的戲碼之一。而中國大陸的導演陳凱歌曾將李碧華原著小說《霸王別姬》改編成同名電影，並榮獲1993年坎城影展金棕櫚大獎。

# 西楚霸王項籍

籍字羽下相人少時學書不成去學劍又不成怒曰書足記姓名而已劍一人敵不足學〻萬人敵以八千人渡江而西屠咸陽燒秦宮室不用范增言許漢和以故漢王得會兵圍之垓下曰天亡我非戰之罪也我何面目見江東父老乃自剄而死

2002

## 龍拳

以敦煌爲圓心的東北東
這民族的海岸線像一支弓
那長城像五千年來待射的夢
我用手臂拉開這整個土地的重

蒙古高原南下的風　寫些什麼內容
漢字到底懂不懂　一樣膚色和面孔
跨越黃河東　登上泰山頂峰
我向西引北風　晒成一身古銅

渴望著血脈相通　無限個千萬弟兄
我把天地拆封　將長江水掏空
人在古老河床蛻變中

---

【長江】

長江流域與黃河流域一樣，均爲中華民族的發源地之一。長江古稱江、大江等，是中國第一長河，也是世界第三長河，景觀以山奇水秀的三峽與沿岸古蹟著稱。三國時代，長江流域曾是吳蜀相爭的戰場；唐宋時期許多騷人墨客，也在這裡寫下了千古傳誦的文章，例如蘇軾的《念奴嬌》：「大江東去，浪淘盡，千古風流人物。」長江資源豐富、物產豐饒，是中國總體經濟實力最強的地區，古往今來，長江流域支持著中華民族的發展。重慶與湖北境內的長江三峽，因其風景壯麗，自古名聞遐邇，李白詩《早發白帝城》中的「兩岸猿聲啼不住，輕舟已過萬重山」即是描述此地。目前三峽所在地正在興建舉世最大的水庫，1994年開始動工，預計2009年完工。

我右拳打開了天　化身爲龍
把山河重新移動　填平裂縫
將東方的日出調整了時空
回到洪荒去支配去操縱

我右拳打開了天　化身爲龍
那大地心臟洶湧　不安跳動
全世界的表情　只剩下一種
等待英雄　我就是那條龍

---

【長城】

長城始建於春秋戰國時期，當時割據一方的各諸侯爲了防禦敵國入侵，便在自己的領土上築起城牆，長度因國而定。最早築起城牆的是楚國，後來各國相繼效法，成了秦始皇統一中國後築成萬里長城的基礎。後經歷代王朝陸續修築，尤以漢、明兩代修築的規模浩大。現存的長城爲明朝所修築東起鴨綠江之山海關，西至甘肅省之嘉峪關，是人類文明史上偉大的建築工程，被選爲中古世界七大奇蹟之一。長城因其工程浩大，歷史地位特別，早已成爲中國重要的民族圖騰之一。現今我們所見以磚所砌之長城，實際爲明代所建，年代距今不過六百多年，並非二千多年前的秦長城。

【漢字】

漢字是漢族文化圈內使用最廣的文字，起源於西元前兩千年商朝的甲骨文，與古埃及的聖書字、兩河流域蘇美爾人的楔形文字並稱世界上最古老的三大文字系統，但如今僅有中國的漢字沿用下來。許愼在《說文解字》中，便已闡述漢字的構造原理「六書」：象形、指事、會意、形聲、轉注、假借，可見漢字在中國古代已發展出高度水準，因而也連帶影響了日本、朝鮮等亞洲國家的造字規則。漢字對東亞文化影響甚大，二十世紀前，日本、朝鮮，越南等國均使用漢字爲官方書寫文字。漢字爲現今世上唯一仍在使用的表意活文字，其他所有文字系統均爲表音的拼音文字。漢字因具有獨特的象形文字美感，故發展出獨有的書法藝術。漢字（中文）現大致分成簡體中文與繁體中文（又稱正體字）兩個體系流傳，使用簡體字之區域爲中國大陸、馬來西亞、新加坡以及東南亞的華人社區，繁體字使用地區則爲台灣、香港、澳門以及北美的華人圈。

【龍】

龍是中國神話傳說裡的神獸，具有蛇身、鱷首、蜥腿、鷹爪、蛇尾、鹿角、魚鱗、口角有鬚、頷下有珠的形象。龍被中國先民作爲祖神敬奉，傳說中的人類始祖伏羲、女媧，皆龍身人首，華夏民族的先祖炎帝、黃帝，傳說中也和龍有密切的關係，相傳炎帝爲其母感應神龍而生，故中國歷史上各朝代之帝王均視自身爲「眞龍天子」。龍在中國傳統的十二生肖中排列第五。還有龍亦爲天文四象（青龍、白虎、朱雀、玄武）之一。龍成爲中華文化內涵的一種符號，是中華民族的一個圖騰象徵。1978年，當時美國宣布與台灣斷交，消息傳來，音樂人侯德健有感而發創作《龍的傳人》一曲，由李建復演唱，在台灣官方授意下一再宣傳，令此曲家喻户曉。隨後經過香港歌手張明敏演繹，歌曲更傳遍全中國與世界各地，而「龍的傳人」此一稱謂更成爲了中國人的民族別稱。

【蒙古高原】

蒙古高原東臨大興安嶺，西接阿爾泰山脈，北界薩彥嶺，南界陰山山脈，範圍包括蒙古、俄羅斯南部和中國北部部分地區。地形大多爲古老台地，平均海拔1500多公尺。溫帶大陸性氣候，冬季嚴寒漫長，夏季炎熱短暫，降水稀少，以牧業爲主。內蒙古高原戈壁、沙漠、沙地依次從西北向東南呈弧形分布，在中蒙邊境一帶是斷續相連的乾燥剝蝕殘丘高原，風沙廣布，古有「瀚海」之稱。

【泰山】

泰山位於山東省中部，海拔約1500公尺。據歷史文獻記載，泰山經常是各朝皇帝設壇祭祀、祈求國泰民安和舉行封禪大典之處，《史記集解》便記載：「天高不可及，於泰山上立封禪而祭之，冀近神靈也。」泰山因山體雄偉壯麗、氣勢磅礡，與華山、恆山、嵩山、衡山合稱「五嶽」，有「五嶽之首」的美稱。雖然泰山高約1500公尺，但其實並不算高，如黃山主峰蓮花峰，有海拔1864公尺，華山主峰落雁峰，也有海拔2083公尺，甚至光台灣超過3000公尺高度的山峰就有二百多座。但因泰山位處地勢相對平坦的山東半島一帶，因此就古人的視野而言，已經算是所知世界裡很高的山了。故春秋戰國時期的孟子曾云：「孔子登東山，而小魯，登泰山，而小天下。」

【黃河】

黃河孕育了中國古文明，從夏、商、周，到漢唐盛世黃河流域都是歷史上重要的文化地理核心。黃河發源於巴顏喀拉山脈，東臨渤海，北界陰山，南至秦嶺，全長5464公里，是中國第二長河，上中下游景觀各具特色。李白曾曰：「君不見黃河之水天上來，奔流到海不復回。」便形容黃河源遠流長地形落差甚鉅，宛若從天而降，一瀉千里而後入海。而黃河悠久古老的文化、壯麗的河山，也正象徵中華民族的起源與延續。1988年時，大陸央視曾製作了六集的電視紀錄片《河殤》，河殤的河就是指黃河。該片對中華傳統的黃土文明進行了反思與批判，播出後在中國社會引起了很大轟動。另有句俗諺為「不到黃河心不死」比喻不到最後完全絕望的地步，決不輕言放棄。

2003

## 爺爺泡的茶

山泉　在地表蜿蜒　從很久很久以前　我有一張稚氣的臉
泉水滲透進礦層岩　爺爺栽種的樟木樹苗上面
猶記得那年　在一個雨天　那七歲的我躲在屋簷
卻一直想去盪鞦韆
爺爺抽著煙　說唐朝陸羽寫茶經三卷　流傳了千年

那天　我翻閱字典　查什麼字眼　形容一件事很遙遠
天邊　是否在海角對面　直到九歲才知道浪費時間

這茶桌樟木的橫切面　年輪有二十三圈
鏡頭的另一邊　跳接我成熟的臉
經過這些年　爺爺的手繭泡在水裡會有茶色蔓延

---

【唐朝】

唐朝（618－907年）由唐高祖李淵建立，定都長安。唐朝有兩次歷史上盛世，分別是唐太宗的「貞觀之治」與唐玄宗的「開元之治」。之間曾被中國第一位女皇帝武則天奪國，設都洛陽。導致唐朝走向衰敗的關鍵是天寶十四年的「安史之亂」，最後則是滅於「黃巢之亂」。唐代文治武功強盛，體制與文化也深深影響鄰近國家，日本京都即爲唐朝長安的小縮影。也因爲唐朝國勢強盛，故時至今日海外地區華人所聚集之地仍稱爲「唐人街」，中國傳統服飾之一的名稱也叫「唐裝」，台灣地區在清治與日據時更以「唐山」一詞做爲故土原鄉之代名詞。

爺爺泡的茶　有一種味道叫做家
（沒法挑剔它　口感味覺還不差）
陸羽泡的茶　聽說名和利都不拿
（他牽著一匹瘦馬走天涯）
爺爺泡的茶　有一種味道叫做家
（他滿頭白髮　喝茶時不准說話）
陸羽泡的茶　像幅潑墨的山水畫
（唐朝千年的風沙　現在還在颳）
啦啦～啦啦啦啦啦～啦啦～啦啦～啦啦啦啦啦～
啦啦～啦啦～啦啦啦啦啦～啦啦～啦啦～啦啦啦啦啦～

【陸羽和茶經】

談到茶，中國人絕對是第一把交椅。唐朝人陸羽是世上第一位將茶葉知識著作成書的人，他踏訪各處，進行田野調查，除了與茶相關之事外，甚至連水質也經過仔細研究。也就是說，從茶葉的上游到下游，他做了非常精細的探究。《茶經》分成十個章節，分別是〈一之源〉、〈二之具〉、〈三之造〉、〈四之器〉、〈五之煮〉、〈六之飲〉、〈七之事〉、〈八之出〉、〈九之略〉與〈十之圖〉，從茶葉的起源、擇選、沖泡，到茶具的應用等等，鉅細靡遺。陸羽因爲這本内容豐富的茶專書，而被稱爲「茶聖」。茶是中國的國飲，早在1200年前的唐朝，就已形成頗具規模的「茶文化」。茶與絲綢以及瓷器一樣，均是中國早期重要的外銷產物。1669年英屬東印度公司即開始由爪哇轉運中國茶到倫敦，1886年茶業外銷量高達13.4萬噸（268萬擔），創下歷史新高紀錄。在中國的大西南地區，甚至有一條因運輸茶葉而可與「絲綢之路」相媲美的「茶馬古道」。

2003

## 風沙

風騷擾著森林　我一夜不得安寧
院子裡那口井　倒映被惡夢驚醒的表情
我動身回北方　四處打聽　她身世飄零
那時間的幽靈　穿越愛情　聽哀嚎的聲音
風沙　要帶我去哪
是她　我一生掙扎　愛恨都放不下
風沙　在斷枝折花
天涯踩在我腳下　我一路在牽掛
在荒蕪的丘陵　我看見她臉上的陰影
還會有什麼痛　能夠比廢墟的綠更鮮明

---

【幽靈】

幽靈也就是亡靈，俗稱鬼。鬼，一般的認知是人死亡後所留下的靈體。敬神畏鬼是人類社會共同的普世價值，也是對不懂與未知世界的一種尊重。華人社會甚至還有一個與鬼相關的節日，即農曆七月十五日的中元節（道教習俗），民間舊稱鬼節，佛教稱爲盂蘭盆節（簡稱盂蘭節）。而整個農曆七月則稱爲鬼月，相傳七月初一陰間的鬼魂會被釋放出來，因此有所謂中元普渡的活動。西方亦有與鬼相關之節日萬聖節，在十月三十一日這天，他們相信是夏天的終結，冬天的開始，也因此，象徵寒冷與黑暗冬天即將來臨的這天會有各種惡鬼出沒，爲了嚇走邪惡的鬼魂，人們會戴上面具驅鬼，因而慢慢演變成現今萬聖節的各種活動。另外清代蒲松齡所著的《聊齋誌異》，是中國古代最著名關於「鬼」的小說創作。台灣社會早期稱遊蕩在外的鬼爲「魔神仔」，或以「好兄弟」敬稱。近來鬼在網路則被新世代的年輕人暱稱爲「阿飄」。

千年來我一直　保持清醒　OH
在找尋永恆的　所謂愛情　這難道是宿命

風沙　要帶我去哪
是她　我一生掙扎　愛恨都放不下
風沙　在斷枝折花
天涯踩在我腳下　我一路在牽掛

千年來我一直　保持清醒　OH
在找尋永恆的　所謂愛情　這難道是宿命

風沙　要帶我去哪
是她　我一生掙扎　愛恨都放不下
風沙　在斷枝折花
天涯踩在我腳下　我一路在牽掛
看過眼的繁華　我終於不說話

2003

## 東風破

一盞離愁　孤單佇立在窗口
我在門後　假裝妳人還沒走
舊地如重遊　月圓更寂寞
夜半清醒的燭火　不忍苛責我

一壺漂泊　浪跡天涯難入喉
妳走之後　酒暖回憶思念瘦
水向東流　時間怎麼偷
花開就一次成熟　我卻錯過

誰在用琵琶彈奏　一曲東風破
歲月在牆上剝落　看見小時候
猶記得那年我們都還很年幼
而如今琴聲幽幽　我的等候　妳沒聽過

---

【東風破】

宋朝民間樂舞方面有大曲，所謂大曲是以許多曲子連續歌奏組成。曲分三段，第一段是「散序」，第二段是「排遍」(歌)，第三段是「破」，又名「曲破」。而「破」開頭演奏的第一遍就叫「入破」，入破之後，曲子節奏即變得又急促又繁碎。南唐後主李煜除詩詞書畫外，亦通曉音律，曾親制《念家山曲破》、《振金鈴曲破》等曲。《東風破》的「破」指的是一種調，即宋朝所謂的「曲破」，根據《宋史·樂志》記載，太宗親制「曲破」二十九曲，又「琵琶獨彈曲破」十五曲。宋朝江浙一帶（江南）盛行這類琵琶曲，多填詞而唱，後期演變爲詞牌。《東風破》歌詞當然並非嚴格定義下的詞牌，它只是仿古詞牌名所做的一首歌。唐元稹《琵琶歌》：「月寒一聲深殿磬，驟彈曲破音繁併。百萬金鈴旋玉盤，醉客滿船皆暫醒。」就是形容琵琶彈到入破後，音樂節奏越來越快速的情形。《東風破》副歌第一句「誰在用琵琶彈奏一曲東風破」，意指用琵琶這種樂器彈奏一首名爲《東風》的曲破。

誰在用琵琶彈奏　一曲東風破
楓葉將故事染色　結局我看透
籬笆外的古道我牽著妳走過
荒煙蔓草的年頭　就連分手都很沉默

---

【琵琶】

中國傳統樂器名，最早出現於秦代，但當時是直柄、圓形音箱的彈撥樂器，跟如今所知的琵琶不同。直到魏晉南北朝左右，西域游牧民族在馬上彈奏的樂器傳入中原，琵琶才逐漸形成現今樣貌。「琵琶」這個名稱來自其基本彈奏技巧，「推手爲枇，引手爲杷」，除用於歌唱、舞蹈和戲曲，也用於樂器的合奏、伴奏。傳入中原後融入漢族音樂的典雅深沉，仍具有西域情韻之清新，一掃傳統宗法古樂，獲得貴族以至平民的好感，在隋唐是一種相當受歡迎的樂器。史載唐玄宗有一玉琵琶，視同國寶。因爲琵琶樂器在唐代受到極大的重視，故文人亦多將琵琶一詞入詩，如白居易《琵琶行》：「我聞琵琶已嘆息，又聞此語重唧唧。」王翰《涼州詞》：「葡萄美酒夜光杯，欲飲琵琶馬上催。」杜甫的：《詠懷古跡三》：「千載琵琶作胡語，分明怨恨曲中論。」以及王昌齡所寫的《從軍行七首》：「琵琶起舞換新聲，總是關山舊別情。」

2003

## 雙刀

透過鏡頭重新剪接歷史給人的想像
八厘米紀錄片的橋段　隔著距離欣賞
正邪對立的兩方　我握緊拳頭開始習慣
以牙還牙的手段

風　盤旋煙霧瀰漫　我虔誠點的香　在祈禱著平安

從天台向下俯瞰暴力在原地打轉
上一代解決的答案是微笑不抵抗
被雨淋濕的唐裝那股嘆息很東方
我看不慣尊嚴受傷家族如此不堪

風　緩緩繞過武館　正上方的月亮　那顏色中國黃
透過透過鏡頭重新剪接歷史給人的想像

---

【唐裝】

概稱中國的主流民族服飾。由於唐代是中國經濟文化的鼎盛時期，對鄰近國家也有很大的影響力，因此服飾華麗的漢服，多稱爲「唐裝」。宋代陸游《老學庵筆記》中就記載了唐裝一詞：「巾服一如唐人，自名唐裝。」唐裝的特色是襦裙、大袖、寬擺拖地，這種風格一般流行在初唐時期，直到清初推行「剃髮易服」令，才使中國的傳統服飾消亡。今日所謂的「唐裝」在名稱上其實有所爭議，因爲目前所見的唐裝是由清朝式樣的服飾改良過來的，也是外國人眼中所認知的中國傳統服裝，即立領、對襟、連袖、盤扣。但支持漢服運動的人認爲，「唐裝」一詞不應涵蓋所有漢族的服飾，故「唐裝」之名稱應改爲「漢服」，台灣則又稱其爲漢衫。不過也有人認爲，漢服已經成爲了歷史，不需再耗費社會資源去復古。

八厘米紀錄片的橋段在播放　隔著距離欣賞
正邪對立的兩方　我握緊拳頭開始習慣
那以牙還牙以牙還牙的手段　恐懼來自退讓

雙刀的正前方　我殺氣不轉彎　背對我的力量
它自己卻受傷　雙刀的右下方
我揮刀去了斷　將恩怨全看穿　丹鳳眼的目光

【丹鳳眼】

丹鳳眼是一種形狀細長、眼尾角度上揚的眼形，中國傳統認爲這是有魅力的美女象徵，《紅樓夢》中就如此形容十二金釵之一的鳳姐：「一雙丹鳳三角眼，兩彎柳葉吊梢眉。」此外，《三國演義》中的關羽也是丹鳳眼：「見其人身長九尺，髯長二尺；丹鳳眼，臥蠶眉。」形容關羽相貌不凡。「丹」含有吉祥的意思，因爲瑞禽鳳凰也稱爲丹鳳。《山海經》中寫道：「鳳凰生於南極之丹穴。」古人相信鳳凰是吉祥而永生的靈鳥，所以丹鳳眼不僅是東方美人的特色，也被認爲是一種英姿吉相。華人在種族分類上屬蒙古人種，丹鳳眼即所謂的單眼皮，爲蒙古人種所具備的種族遺傳外觀之一。但近代因混血之故，相較之下，今北方的華人有較高比例的單眼皮特徵，越往南，雙眼皮的比例越高。如韓國人屬北方蒙古人種，即擁有高比例的單眼皮。

2003

# 敦煌

敦煌的風　吹不動　那心事像塵埃變重
在人海中　我牢記　妳前世的臉孔
妳的心痛　重覆中　是不是輪迴就有用
絲路起風　霧太濃　我看不到彩虹

敦煌情路難　這一生糾纏
遺憾　已收藏　我的淚千行

妳的笑容　都不動　像屹立懸崖的老松
我卻始終　被嘲諷　被命運所捉弄
塵世之中　多少夢　多少愛情被人傳頌
妳的苦衷　我都懂　那過眼的繁榮

---

【敦煌】

敦煌位於中國甘肅省境內，是著名的歷史文化城市，位於古代中國通往西域、中亞和歐洲的交通要道絲綢之路上，曾經擁有繁榮的貿易活動，也是歷史上的軍事要塞，境內有漢代長城關隘玉門關和陽關。著名的世界遺產莫高窟則位於敦煌東南的鳴沙山上，有石窟近五百座，佛教壁畫多達數萬平方公尺，擁有極高的藝術價值，也興起了以研究敦煌石窟及相關歷史爲主的敦煌學。

敦煌　情路難　這一生　糾纏
遺憾　已收藏　我的淚千行
敦煌情路難　這一生糾纏
孤單　在路上　我在想答案
嘿呀　嘿呀　嘿呀　嘿呀
嘿呀嘿呀　嘿呀　嘿呀

---

【絲路】

即絲綢之路。「絲路」此一名稱，源於十九世紀末德國地理學家李希霍芬（Ferdinand von Richthofen）在《中國》一書中，把連接中國與西方的交通網，命名爲絲綢之路，從此以後這個名詞便流行開來。絲綢之路包括南道、中道、北道三條路線，基本走向定於兩漢時期。廣義的絲綢之路指從上古陸續形成，遍及歐亞大陸等長途商業貿易和文化交流路線的總稱。自一世紀起西方的羅馬人即開始狂熱迷戀著中國的絲綢。絲綢與同樣原產中國的瓷器一樣，成爲當時中國強盛文明的象徵。在文化交流上，中國古代技術也藉由絲路西傳，如造紙術與印刷術等。1980年日本ＮＨＫ籌拍《絲綢之路》的紀錄片，是首次以影片方式大規模記錄絲路之源由與概況。此電視特集主題曲《絲綢之路》由日本知名配樂家喜多郎所創作，至今仍是經典。

2004

# 千年之戀

誰在懸崖沏一壺茶　溫熱前世的牽掛
而我在調整千年的時差　愛恨全喝下
歲月在岩石上敲打　我又留長了頭髮
耐心的等海岸線的變化　大雨就要下
風　狠狠的颳　誰　在害怕

海風一直眷戀著沙　你卻錯過我的年華
錯過我新長的枝枒　和我的白髮
蝴蝶依舊狂戀著花　你卻錯過我的年華
錯過我轉世的臉頰　你還愛我嗎　我等你一句話

一生行走望斷天崖　最遠不過是晚霞
而你今生又在哪戶人家　欲語淚先下
沙灘上消失的浪花　讓我慢慢想起家
曾經許下的永遠又在哪　總是放不下
啊　輪迴的記憶在風化　我將它牢牢記下

【輪迴】

輪迴是一種宗教上的觀念，認爲靈魂會不斷歷經死生轉世，來世生命都是由前世的所作所爲決定的，而其中的關鍵力量是「業報」。輪迴最早出自印度教的宿命思想：唯有盡力完成該階級應盡的義務，才可能從「業」的力量裡面獲得解脫。這觀念也支撐了印度種姓制度。承襲印度教，佛教也相信存在一種必然性的力量，讓自身陷入六道輪迴內轉化不休，要尋求解脫之路，必經由修行來達到涅槃，或者持善行得到善果。因爲生命能輪迴，所以才衍生出前世今生的相對觀念。相信靈魂不滅説的前世今生給予人一種對來世無限延伸的想像，一種情感上有所寄託的想像。也因爲想像，所以浪漫。故前世今生在小説與電影甚至流行歌詞中被大量使用，也因此我們有了那穿梭千年的淒美愛情故事。

## 祭魂酒

月色嬋娟　笛聲遙遠
荒煙蔓草裡　走來一少年
走過身邊　經過家園
一張不會笑的臉

烽火人間　戰鼓連天
遠方飛燕　帶來的是　狼煙
帶劍少年　來去之間
幸福的容顏　太淺

斷壁　殘垣　驍勇善戰的從前　蔓延
在祭天之前　灑下的誓言　不要仇恨的字眼
少年飲酒前　期待著來年　荒地能變成良田
魂魄　歸來　英靈們再度出現　捍衛　家園　永遠
在祭天之前　灑下的誓言　不要仇恨的字眼
少年飲酒前　期待著來年　荒地能變成良田
在祭天之前　灑下的誓言　少年謹記握住拳

---

【狼煙】

古代戍守邊境的軍隊，遇有緊急狀況即燃起烽火台，台台接連傳遞，將外敵來犯的訊息傳至關內。由於燃燒的材料中有狼糞，燒出的煙直而聚，風吹不斜，因而有狼煙的說法。首次提到狼糞用於烽火觀點的是唐代段成式的《酉陽雜俎》：「狼糞煙直上，烽火用之。」也有一說認爲狼煙與狼糞無關，只是因爲自古胡漢對立，中原多被自比爲狼的游牧民族進犯，故將通知敵人來犯的烽火稱狼煙。之後狼煙也被用來比喻戰爭、兵亂，例如唐杜牧曾寫道：「何處吹笳薄暮天，塞垣高鳥沒狼煙。」歷史上還有個關於狼煙的著名故事，就是周幽王的烽火戲諸侯。周幽王爲了討褒姒嫣然一笑，竟在驪山下燃起十餘座的烽火台，京畿附近的諸侯一見狼煙，便從四方八面紛紛趕至驪山會合，卻見幽王與褒姒在城門設宴訕笑，始知受騙，悻悻然偃旗息鼓各回本國。後來犬戎犯鎬京，幽王再舉烽火，諸侯們以爲仍是惡作劇，故無人前來。後來幽王被殺，褒姒被擄，西周滅亡。

2004

# 鷹之戀

風　呼嘯　而過的聲音
往　北方　席捲所有的雲
天好清　路　平行　穿越整座森林
車　向前進　而我路經前世　的風景　太多情
長安一如過去　你側臉的髮際　在寂寞背風的山脊裡
嘜　嘜　嘜　淩空而去
心中儘是你的名　錯身而過的是曾經
如雨落下的唇印　是憧憬　是飄零　是命
反覆念著你的名　沒有字跡能表明
我的腦海很清醒　是冷靜　是堅信　有愛情
我　俯視著人群　追尋失落的一份情
我飛過故鄉　針葉林　情願成爲　守護你的鷹

---

【長安】

中國歷史上著名都城，取「長治久安」之意，漢唐盛世皆建都於此，地點大致位於今陝西西安。長安是中國歷史上建都朝代與政權最多的都城，列中國四大古都之首，也是與雅典、羅馬和開羅齊名的四大古都之一。唐代詩人白居易謁見顧況，顧況以其名戲之曰：「長安百物貴，居大不易。」也可見當時長安都城的繁華昌盛。明朝初年起，長安改稱西安，並沿用至今。長安爲唐朝之國都，故唐代詩人的詩作中相當多關於長安的描述，如杜甫《月夜》：「遙憐小兒女，未解憶長安。」李白《登金陵鳳凰臺》：「總爲浮雲能蔽日，長安不見使人愁。」與《子夜秋歌》：「長安一片月，萬户擣衣聲。」白居易《長恨歌》：「回頭下望人寰處，不見長安見塵霧。」

漢侯霸爲淮平大尹政理有能者奉詔徵
吏民老弱遮使車曰願留侯君朞年至是

2004

## 嘻遊記

（口白）話說　唐太宗貞觀三年，距今一千三百七十五年前，
玄奘大師立誓發願至西方取經，費時十七年，經歷百餘國，
前往天竺取回佛經六百多部，返回長安後，
玄奘將其所見所聞口述，由門徒編輯成《大唐西域記》。

他們說我是否章回小說看太多
突然想戒煙戒酒還想要修成正果
石頭裡蹦出一隻叫悟空的猴
牠打抱不平的樣子就像是我

傳說中豬八戒怎麼吃還是很餓
而牠跟我一樣老是戒不了女色
我胖是胖了一點但是人不醜
而且我的身手靈活還很溫柔

我吃齋唸佛　卻沒撐多久　又舉起拳頭　誰叫我重朋友
沙悟淨他膀子上的九顆骷髏頭

---

【玄奘】

玄奘爲唐朝著名的佛教大師，漢傳佛經的譯者，俗姓陳，本名禕，出生河南洛陽洛州緱氏縣（今河南省偃師市南境），以西域取經傳遞佛法著稱，回國後在唐太宗支持下，於長安成立翻譯院。由其口述、門人集結而成的《大唐西域記》，堪稱中國歷史上的經典遊記，因爲當時缺乏印度相關歷史紀錄，這本珍貴的遊記便成了研究印度不可缺少的文獻。玄奘也是明代小說《西遊記》唐三藏這個角色的主要參考人物。因玄奘對佛教的貢獻極大，千年來受到佛教界極大的尊崇，世人均尊稱三藏法師。三藏法師爲佛教中的一種敬稱，指對經、律、論三藏都相當通達熟悉的法師。台灣新竹地區的玄奘大學更以玄奘爲名。

加起來也沒有我所惹的麻煩多
蜘蛛精的誘惑這城市到處有
我閉上眼睛唸阿彌陀佛

故事裡的唐僧師徒四人過沙漠
衆人來到西域取經直達天竺國
我的努力卻看不到結果
就只會唸唸金箍咒在找藉口

我面壁思過　又沒撐多久　想立地成佛　卻有一堆損友

【天竺】

天竺是中國古代對印度的稱謂之一。在中國歷史上，印度最早出現在《史記》裡，當時稱印度爲「身毒」，唐代以來統稱天竺，後來玄奘西域取經，根據讀音才正名爲印度。印度是一個著名的文明古國，也是佛教的發源地。古印度人曾創造了光輝燦爛的古代文明並有許多發明，例如阿拉伯數字。近代印度陷於政治動盪，1947年獲得獨立，但分裂爲印度和巴基斯坦兩個國家。印度社會中曾經存在過嚴格的階級制度，即「種姓制度」，分爲婆羅門、刹帝利、吠舍、首陀羅等四個階級。除此之外，還有比首陀羅更低階不屬於這四種種姓階級的賤民。當時種姓間不得互動通婚，違者處罰相當嚴重，甚至可能處死。儘管如今印度憲法明文規定不准階級歧視，廢除了種姓制度，但因「種姓制度」千年來根植於印度教的信仰中，除非拋棄信仰，否則低階種姓終其一生都受其教義的束縛。

佛總是曰不可說　(麵筋你就別再取笑土豆)
弟子別問爲什麼　(我們窩在同一瓶的罐頭)
佛總是曰不可說　(大家又何必強出頭誰來當大哥誰是老二)
凡人只要照著做　(我們根本就是同一種的貨色)

(口白) 牛魔王你哪裡逃　師父小心啊　小心啊師父　啊　二師兄
而我們這幾個隨便一個觔斗　就八萬四千公里的四海雲游
跟貪念大戰了三百回合　如來的手掌心終究是逃不過

佛總是曰不可說　(麵筋你就別再取笑土豆)
弟子別問爲什麼　(我們窩在同一瓶的罐頭)
佛總是曰不可說　(大家又何必強出頭誰來當大哥誰是老二)
凡人只要照著做　(我們根本就是同一種的貨色)

佛總是曰不可說　(大家又何必強出頭誰來當大哥誰是老二)
凡人只要照著做　(我們根本就是同一種的貨色)
佛總是曰不可說　(大家又何必強出頭誰來當大哥誰是老二)
弟子別問爲什麼　(我們根本就是同一種的貨色)
佛總是曰不可說

---

【西遊記】

《西遊記》是中國著名的神怪長篇章回小說，自宋以來歷經眾人創作，最後完成者爲明代的吳承恩。故事內容融合佛、道、儒三家思想，以唐朝玄奘至天竺取經的史實加以想像而寫成。明朝中葉成書以來，由於說唱藝術興盛，《西遊記》成爲說書人發揮的話本題材。以通俗文學的角度觀之，此書內容幽默風趣、取材豐富，因而在全國各地廣爲流傳，容易爲一般大眾所接受，書中的角色盡成家喻戶曉的人物，如唐僧、悟空、沙悟淨、豬八戒、牛魔王、蜘蛛精等。《西遊記》是以唐代的《大唐西域記》爲基礎所撰寫的小說。話說唐太宗貞觀三年，距今1375年前，玄奘大師立誓發願至西方取經，費時17年，經歷百餘國，前往天竺取回佛經六百多部。返回長安後，玄奘口述其所見所聞，由門徒編輯成書，這就是《大唐西域記》的由來。

【唐太宗】

唐太宗名李世民（西元599－649年）爲唐朝第二任皇帝，爲政期間勵精圖治、注重法治，而且虛心納諫，善用房玄齡、魏徵等賢臣，在國內厲行節約，以農爲本，減輕徭賦，使百姓休養生息，在位期間經濟發展、政治清明、開疆闢土。唐太宗被突厥各部尊爲「天可汗」，他治理下的中國出現空前繁榮的昇平景象，這段大唐盛世，史稱「貞觀之治」。唐太宗的嬪妃中最著名的當屬中國第一位女皇帝——武則天。雖說唐太宗是中國史上著名的明君之一，開創了歷史上的「貞觀之治」，爲大唐盛世奠下基礎，但其皇位取得卻頗富爭議：西元626年，李世民在長安玄武門發動著名的「玄武門兵變」，皇太子李建成、齊王李元吉被殺，爾後李淵讓位，李世民即位，次年改元爲貞觀。

2004

## 亂舞春秋

那混亂的年代　朝廷太腐敗　人禍惹天災
東漢王朝在一夕之間崩壞　興衰
九州地圖被人們切割成三塊　分開
讀三國歷史的興衰　想去瞧個明白　看看看就馬上回來
ㄎㄧㄥ ㄎㄧㄥ ㄎㄧㄤ ㄎㄧㄤ　刀劍棍棒
我隨口講　原來眞有時光機這麼誇張
穿梭時空過癮又囂張　萬一有去無回怎麼辦
老實說有點緊張　啊啊
江山　我站在雲端　慢慢　往中原方向
前方　散落著村莊　長安　在兵荒馬亂
望著天眼看北斗七星墜入地平線
瞬間　英雄豪傑猶如鬼魅般地出現

---

【東漢】

中國朝代名（西元25－220年），劉秀推翻王莽政權，改國號漢，建都洛陽，洛陽位在西漢首都長安東邊，故稱「東漢」。又因建於西漢之後，承其國脈，亦稱「後漢」。東漢光武帝整頓吏治，使人民生活逐步穩定，史稱「光武中興」，後其子開啓盛世「明章之治」。東漢農業、造紙術、製陶業獲得發展，佛教也在此時傳入中國，科學方面有天文學家張衡，名醫張機、華陀。漢朝（西元前202年－220年）是中國歷史上繼秦朝之後出現的朝代，分爲「西漢」與「東漢」兩個時期，合稱兩漢。漢朝也與其後的唐朝合稱爲「漢唐盛世」，代表中國帝制封建時代中最強盛的年代。漢朝也因國勢強盛，萬邦來朝，時至今日「漢」之詞彙相當程度等同於華夏文明，如「漢人」爲多數中國人的自稱，民族稱謂爲「漢民族」，中文也被稱爲「漢字」。

我呸　誰也不服誰　我是龜你是鱉　啦啦啦啦啦　啦啦啦
妖獸擾亂人間秩序　血腥如浪潮般來襲
我小命差點沒續集　還好有時光機我謝謝你
人魔開始重出地獄　叛軍如野火般攻擊
五官差點離開身體　還好有時光機我謝謝你
曹魏梟雄在　蜀漢多人才
東吳將士怪　七星連環敗　諸葛亮的天命不來
這些書都有記載　不是我在亂掰
等到東方魚肚白我再來跟你說嗨　嗨
嘴裡有刀　說破歌謠　千年恩怨　一筆勾銷
生命潦草　我在彎腰　歷史輪迴　轉身忘掉
黃巾賊你不要吵倭（嘴裡有刀　說破歌謠）

---

【中原】

常指黃河中下游一帶，此區域為中華文明的發源地，相對於邊疆地區，被華夏民族視為天下的中心，諸葛亮《出師表》曰：「當獎率三軍，北定中原。」在中國漢語史料中，中原詞義上也有平原含義，如《詩經・小雅》：「瞻彼中原，其祁孔有。」文化意義上的中原，是藉中華文明發源地的概念代指中國，象徵著中華文化。現今之中原的地理位置以河南省為主體，包括河北省南部、山東省西部、山西省南部、江蘇省西北部、以及安徽省北部的部分地區。台灣的中國廣播公司曾長期以中原標準時間之語來報時，此一名稱來自1912年民國肇建時的時差畫分，中國大陸使用至1949年為止，在台灣則已成為約定成俗之用法。台灣桃園地區有一所大學即以中原為名。

咱姥姥和水桿麵條（千年恩怨　一筆勾銷）
放下刀　若想吃飽（生命潦草　我在彎腰）
去找皇帝老爺討（歷史輪迴　轉身忘掉）

黃巾賊你不要鬧倭　咱姥姥燒柴煮水餃
放下刀　若想吃飽　去找皇帝老爺討

嘴裡有刀　說破歌謠（妖獸擾亂人間秩序）
嘴裡有刀　說破歌謠（血腥如浪潮般來襲）
千年恩怨　一筆勾銷（我小命差點沒續集）
千年恩怨　一筆勾銷（還好有時光機我謝謝你）

生命潦草　我在彎腰（人魔開始重出地獄）
生命潦草　我在彎腰（叛軍如野火般攻擊）
歷史輪迴　轉身忘掉（五官差點離開身體）
歷史輪迴　轉身忘掉（還好有時光機我謝謝你）

---

【九州】

我國古代分天下爲九個行政區，稱爲「九州」。九州歷來說法不一，有禹貢九州、爾雅九州、周禮九州，戰國時代《周禮》稱九州爲揚、荊、豫、青、兗、雍、幽、冀、并，具體化爲九個大型的行政區。亦有人稱「九」爲虛指，形容數量很多，九州即泛指中國，猶「天下」、「四海」之謂，宋陸游《示兒詩》即謂：「死去元知萬事空，但悲不見九州同。」除此之外，「九州」這一詞亦指日本西南部的九州島，是日本第三大島，島上的阿蘇火山擁有一座世界上最大的火山口。

【黄巾賊】

東漢靈帝時（西元184年）發生黃巾之亂，首領爲太平道的創始人張角，具宗教色彩的太平道以「蒼天已死，黃天當立，歲在甲子，天下大吉」爲號召起兵。此一組織信奉黃老，徒眾起事皆頭戴黃巾爲標誌，時人謂之黃巾賊，是中國東漢末年的農民起義，也是中國歷史上規模最大的一次宗教形式組織的起義。當時政局惡化，民不聊生，此亂費時數月才告討平，但餘黨仍在河北一代爲亂達十年之久，使東漢政權更加衰敗。黃巾之亂最終雖告平息，但卻因此讓朝廷元氣大傷，揭開東漢末年軍閥混戰的序幕，並爲日後三國的分立種下遠因。

【三國】

三國時期（西元220－280年），魏、蜀、吳分立，大體魏得北方，蜀得西南，吳據東南地區。東漢末年，曹操「挾天子以令諸侯」實際掌握東漢政權，其子曹丕強迫東漢獻帝禪讓王位，建立「曹魏」，至此東漢政權正式滅亡，三國時代開始。劉備以益州爲根據地自立爲帝，國號「漢」，史稱「蜀漢」。孫權據揚州、荊州等地建立「孫吳」。此時期三國鼎立，明羅貫中根據西晉陳壽《三國志》此史書爲藍本，撰寫的歷史小說《三國演義》爲中國四大名著之一（其他三本是《水滸傳》、《紅樓夢》、《西遊記》）。因爲《三國演義》的內容人物性格鮮明，國與國間的爾虞我詐，戰役中的機智謀略等描述引人入勝，戲劇性十足，因此是中國四大名著中被改編成漫畫、電影、電視、戲劇、小說以及線上遊戲，甚至被消化成商業競爭的策略用書等頻率最高的古典小說。

【北斗七星】

北斗七星爲現今天文星象中的大熊座一部分的恆星。古代因其七顆星在北天排列成一斗形而得名。中國古代觀測星象，定四時寒暑，尤以北斗七星爲判斷的依據，古籍《鶡冠子》記載：「鬥杓東指，天下皆春；鬥杓南指，天下皆夏；鬥杓西指，天下皆秋；鬥杓北指，天下皆冬。」即是將北斗星斗柄方向的變化作爲判斷季節的指標。從斗身上端開始，到斗柄的末尾，我國古代依次把它們稱作：天樞、天璿、天璣、天權、玉衡、開陽、搖光。從天璿通過天樞向外延伸五倍直線距離，可見北極星。

【諸葛亮】

諸葛亮（西元181－234年），字孔明，號臥龍居士，身高八尺，三國時期傑出政治家、戰略家、散文家。諸葛亮嫻熟韜略，深謀遠慮，年輕時見劉表無能，於是結廬襄陽的隆中，非淡泊無以明志，非寧靜無以致遠。直到劉備三顧茅廬，諸葛亮才出而輔助劉備。而他上呈劉備之子劉禪的《前後出師表》流露忠心，後人甚至謂「讀《出師表》不哭者不忠」。諸葛亮多巧思，發明許多戰爭機器，如「木牛流馬」、「孔明燈」等。中國有一句俗諺：「三個臭皮匠，勝過一個諸葛亮。」意即：三個有能力才華的人，如果能同心協力集思廣益，也能提出比諸葛亮還要思慮周全的計謀。這一句話是將諸葛亮作爲才智學識的標竿，可見諸葛亮在中國人心中崇高的歷史地位。

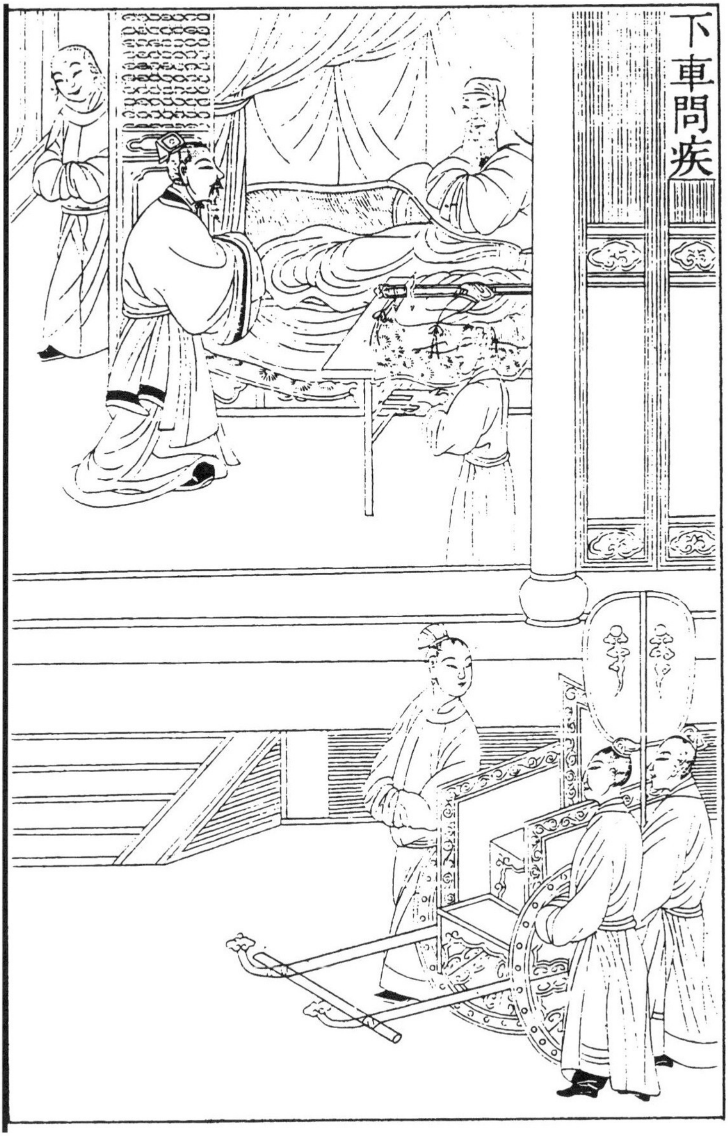
下車問疾

2004

## 茶湯

山嵐像茶杯上的雲煙　顏色越來越淺
你越走越遠　有好多的話　還來不及兌現　你就不見
我身後窗外那片梯田　像一段段從前
我站在茶園　抬頭望著天　想像你會在山的　那一邊

我說再喝一碗我熬的茶湯
你說你現在馬上要渡江
渡江到那遙遠的寒冷北方
就怕你的手會凍僵

你何時回來喝我熬的茶湯
這次我會多放一些老薑
你寄來的信一直擱在桌上
不知要寄還哪地方

---

【焚香】

焚香自古以來在中國人的生活中一直有著重要的地位，不管是讀書、獨處、薰衣、撫琴、品茗，或者是敬拜天地與祖先，總少不了焚香爲伴。蘇軾在《和黃魯直燒香》曾如此形容焚香：「四句燒香偈子，隨風遍滿東南。不是文思所及，且令鼻觀先參。萬卷明窗小字，眼花只有斕斑。一炷煙消火冷，半生身老心閒。」香是木材與香料做成的物品，燃燒時會釋放出氣味與白煙，道教信仰中的神仙方術，認爲在神像前焚香有祈禱意味，經由冉冉煙霧，祈願可上達天聽。燒香拜拜更已成爲華人生活中的一種民族文化儀式。但其實燒香拜拜是道教的產物，正統的佛教裡是沒有燒香拜拜的。焚香儀式中的三炷香代表三清（玉清、上清、太清），亦代表天、地、人，即爲道教信仰。台灣地區的民眾一般均爲佛道混合信仰，既拜觀音（佛），也拜媽祖（道）；既轉唸珠（佛），也持香（道）；喪葬事宜會請和尚唸經，風水堪輿時也會請道士作法。另外佛教與道教之宗教建物名稱亦不相同，佛教稱爲寺，道教稱爲宮。

北風它經過多少村落　來來回回繞過
分不清那年　我求天保佑
只見風聲大做　卻更寂寞

那莊稼已經幾次秋收　麥田幾次成熟
於是我焚香　安靜的難過
你還是一直沒有　回來過

我說再喝一碗我熬的茶湯
你說你現在馬上要渡江
想問你到底是否有種藥方
讓熱湯永遠不會涼

你何時回來喝我熬的茶湯
這次我會多放一些老薑
你寄來的信一直擱在桌上
不知要寄還哪地方

2005

## 祥龍十八掌

慾望它正在分贓　我用亢龍有悔闖
闖過了人性的貪　你我龍戰於野一場
飛龍在天隱藏　我的忐忑不安被染黃
面對赤裸的謊　堅持潛龍勿用不慌張

頹廢它一路沮喪　我用神龍擺尾轉彎
轉了幾道彎開始療傷　見龍在田我難堪
時乘六龍僞裝　七情六慾全走樣
雙龍取水取月光　我一口飲盡了一夜的風霜

我用祥龍十八掌　負面的情緒全部都無法擋

要怎麼清除耳朵　聽到的那些醜陋
合掌唸大悲咒　我練神還虛被外界反駁

---

【活佛】

活佛轉世制度是西藏宗教的重要特點之一，是以靈魂轉世說爲根據，爲解決宗教首領繼承問題而產生的宗教制度。當活佛圓寂後，寺院會使用不同的儀式，尋找剛出生的嬰童，從中選定一名活佛轉世的靈童，而靈童會被迎入寺中，繼承先輩活佛的宗教地位。藏傳佛教有兩大不同的傳承系統，分別爲達賴和班禪，是西藏黃教領袖宗喀巴的兩大傳承弟子。西藏佛教界認爲，達賴是「欣然僧佛」即觀世音菩薩的化身；班禪是「月巴墨佛」即無量光佛的化身。除活佛外，藏傳佛教還有另外三個重要的宗教名詞，即喇嘛、仁波切以及法王。喇嘛簡單的說就是指僧侶，如同和尚；仁波切則爲藏語「珍寶」之意，用於對藏傳佛教有成就者之稱呼。除修行與學問堪爲教徒楷模者爲仁波切外，仁波切裡亦有高僧轉世而被認證者；法王之認證亦採輪迴轉世，但與活佛不同的是，法王爲職位與尊稱，是政教共主。

氣沉丹田的我　把懦弱燒練成了爐火
一掌劈開憂愁　在我面前倒下的是一堆藉口
我弓起馬步舉起了拳頭　給回憶一個正面的溫柔

尋找世間的活佛　我將悲傷上了鎖
看章回小說　學江湖灑脫　尋找世間的活佛
煩惱剩下一碗多　快樂就唱歌　從來不囉唆

亢龍有悔　龍戰於野　飛龍在天　潛龍勿用
神龍擺尾　見龍在田　時乘六龍　雙龍取水
看我祥龍　用十八掌　打倒煩惱　攻下憂愁
見招拆招　別來困惑　誰敢挑戰　我擋擋擋

---

【大悲咒】

大悲咒是佛教經典《大悲心陀羅尼經》中的主要部分，爲八十四句梵語。大悲咒在佛教故事裡，源於觀世音菩薩發下的宏願。若以虔敬的心長期持誦大悲咒，就能契合菩薩的大悲心，除去災難以及諸惡病苦，且成就一切善法遠離惡果，超脫生死輪迴，罪業皆能消弭，得到身心之清淨。

【祥龍十八掌】

「祥龍十八掌」這名稱是諧仿金庸小說《射鵰英雄傳》中的武功套路「降龍十八掌」而來的。「降龍十八掌」的招式中除了「雙龍取水」取自佛經中的典故外，其餘皆源自《易經》之卦名或詞或傳。如「亢龍有悔」爲易經乾卦，乾卦上九：「亢龍有悔，盈不可久。」「飛龍在天」也屬乾卦，乾卦九五：「飛龍在天，大人造也。」順帶一提的是，金庸小說對華人社會與文化的影響，就近代小說家而言可謂空前。對於金庸作品的歷史背景、相關人物、武術派別等相關研究與探討，稱之爲「金學」。坊間甚至還有「金庸小說國際學術研討會」的組織，也因此金庸小說擁有一個特殊的文學地位。

2005

## 牡丹江

彎成一彎的橋樑　倒映在這湖面上
你從那頭瞧這看　月光下一輪美滿

青石板的老街上　你我走過的地方
那段斑駁的磚牆　如今到底啥模樣

到不了的都叫做遠方　回不去的名字叫家鄉

誰在門外唱那首牡丹江
我聆聽感傷你聲音悠揚
風鈴搖晃清脆響
江邊的小村莊午睡般安祥

誰在門外唱那首牡丹江
我腳步輕響走向你身旁
思念的光透進窗
銀白色的溫暖灑在兒時的床

---

【牡丹江】

河川名，牡丹江是松花江的支流，流經吉林、黑龍江兩省，在黑龍江依蘭縣附近注入松花江。牡丹江中的「牡丹」是滿語轉化爲漢語的音譯，爲「彎曲」之意，因爲牡丹江河流蜿蜒曲折，故取彎曲江水意思名之。此外，牡丹江在多數情況下也泛指黑龍江省東南的經濟文化大城牡丹江市，因爲牡丹江市四季分明，氣候宜人，更有「塞北江南」、「中國雪城」等諸多美譽。

牡丹江彎了幾個彎　小魚兒甭上船咱們不稀罕
撈月亮張網捕星光　給爺爺下酒喝一碗家鄉
牡丹江彎了幾個彎　小蝦米甭靠岸咱們沒空裝
撈月亮張網捕星光　給姥姥熬湯喝一碗家鄉

瓶窰連接缸窰

2005

# 棋王

時間讀秒了斷　榮辱的瞬間在　這一方桌上
車馬炮帥仕相　我在調兵遣將　堅守面子的牆
兩軍對壘的陣仗　風起雲湧在這紙上
你的神情不安　呼吸緊張　棋步全錯亂

我就是囂張　我就是一代棋王
我就是狂妄　我就是唯一主將

世事猶如棋盤　不過遊戲一場　我旁觀　誰受傷
車馬包將士象　那殘骸都成雙　命運一模一樣
我起手無回的想　你當局者迷的模樣
對敵人不手軟　設局進場　你舉步艱難

---

【車馬炮】

車馬炮爲象棋棋子的名稱。象棋，早期爲象牙所雕，乃貴族間之遊戲，故名之爲象棋。象棋是中國傳統的對弈棋類遊戲，雙方交替走子，以攻死對方的將或帥爲勝。據傳象棋由古代六博而來，隋唐時期，象棋活動逐步發展，史籍上屢見記載，唐代牛僧孺《玄怪錄》中便寫有橘中老叟下象棋的故事。南宋時期，象棋廣泛流行，還出現了洪邁的《棋經論》等象棋專著。象棋受到中國社會各階層的民眾喜愛，在庶民文化中影響頗深，因此日常詞彙中常出現以象棋爲形容之用語，如飛象過河、楚河漢界、過河卒子、棄車保帥，以及馬後炮、馬前卒、被將一軍等。另外與象棋相關最著名的對句：「觀棋不語眞君子，起手無回大丈夫。」語出明朝馮夢龍所著的《醒世恆言》，原句爲：「觀棋不語眞君子，把酒多言是小人。」

我就是囂張　我就是一代棋王
我就是狂妄　我就是唯一主將
九宮格　是棋盤　最後的抵抗
問將軍誰喊　誰又投降

【九宮格】

指象棋盤。象棋盤由九條直線與十條橫線組成，棋子就擺放在相交點上移動。雙方棋面各有一塊斜交叉線構成米字形方格，叫做「九宮」，所以象棋盤也稱九宮格。棋盤中間爲河界，通常寫有「楚河漢界」字樣，源自楚漢相爭的鴻溝。其對弈有頗多的規定，如將（帥）士（仕）之活動範圍僅能在棋盤的九宮格內。九宮格有時也稱書法臨帖所用的界格紙，其方式爲在正方形內劃分均等之九格，便於臨摹範本、掌握字形點畫時使用。書法習作上以「永字八法」最爲人所知，蓋因永字之寫法包含了「側、勒、努、趯、策、掠、啄、磔」等文字結構的八種筆意，很適宜做爲初學書法者練習之用。

2005

## 髮如雪

極凍之地，雪域有女，聲媚，膚白，眸似月，其髮如雪

狼牙月　伊人憔悴
我舉杯　飲盡了風雪
是誰打翻前世櫃　惹塵埃是非

緣字訣　幾番輪迴
妳鎖眉　哭紅顏喚不回
縱然青史已經成灰　我愛不滅

繁華如三千東流水
我只取一瓢愛了解　只戀妳化身的蝶

妳髮如雪　淒美了離別
我焚香感動了誰
邀明月　讓回憶皎潔
愛在月光下完美

---

【狼牙月】

「狼牙月」指的是月亮像狼牙的顏色一樣，而不是像狼牙的形狀，因爲狼的牙齒雖然呈現鐮刀型的勾狀，也只能算是一半的上弦月或下弦月，另一半深埋的牙根並非對等的鐮刀型勾狀。此外，也有「狼牙色」一詞用來描繪月亮的顏色而不是形狀。所以，「狼牙月」是指月亮的顏色像狼牙那樣塗抹上一層略帶斑駁的米黃，主要是藉由「狼牙」的意象來強調景色的蕭條與蒼茫。特此說明的是，「狼牙月」一詞目前尚查無任何古詩詞引用過，因此無法註明其原始出處，亦無法說明「狼牙月」除形容景色外，其他文字修辭上的引用實例與使用方法。也就是說，今後如有人要引用或說明「狼牙月」一詞時，就只有這裡的解釋與出處而已！「狼牙月」始見於方文山《髮如雪》歌詞：「狼牙月，伊人憔悴，我舉杯，飲盡了風雪.... 」

妳髮如雪　紛飛了眼淚
我等待蒼老了誰
紅塵醉　微醺的歲月
我用無悔　刻永世愛妳的碑

啦兒啦　啦兒啦　啦兒啦兒啦
啦兒啦　啦兒啦　啦兒啦兒啦
銅鏡映無邪　紮馬尾
妳若撒野　今生我把酒奉陪

---

【伊人】

此詞最早可上溯至2500多年前的《詩經・秦風・蒹葭篇》：「蒹葭蒼蒼，白露爲霜。所謂伊人，在水一方。」「伊人」猶言彼人，主要是指那個人或意中人，屬於第三人稱。在古代男女通用，現今大多專指年輕女性而言，「伊人」也就是心目中所傾心喜歡的那個女生。這個詞的另一個轉借用法，則是影射爲明君或賢臣，抑或指遵循著善良風俗的布衣百姓。如晉朝陶淵明的《桃花源詩》中有：「嬴氏亂天紀，賢者避其世。黃綺之商山，伊人亦云逝。」詩句中的「伊人亦云逝」指的就是「居住在桃花源中的人也離開了秦國之地」。

【惹塵埃】

根據《六祖壇經》所記載，禪宗五祖弘忍某日欲知門下眾僧悟道的境界，便叫眾徒書寫偈語，自道心得，大弟子神秀率先提筆作偈：「身是菩提樹，心如明鏡臺，時時勤拂拭，勿使惹塵埃。」六祖惠能則反駁說：「菩提本無樹，明鏡亦非臺，本來無一物，何處惹塵埃。」神秀偈語的意思是，身爲佛門弟子，理應潔身自愛，力抗誘惑，不能讓佛法蒙羞；六祖惠能則認爲佛法本來就不是什麼具象的器皿，既然一開始就什麼表象也不存在，又何來的空間沾惹塵埃呢？二人對禪宗佛法頓悟的境界不同，常被後世拿來引用解讀對佛法參悟的程度深淺！

【紅顏】

「紅顏」是借代修辭的一種用語，主要有二種轉借涵義，一是指青春、年少；另一個則專指女性、美女。李白《贈孟浩然》的詩句：「吾愛孟夫子。風流天下聞。紅顏棄軒冕。白首臥松雲。」以及另一首《長干行》：「八月蝴蝶黃，雙飛西園草；感此傷妾心，坐愁紅顏老。」都提到「紅顏」兩字，指的是年少與青春。另外唐代白居易的《後宮詞》裡有：「淚濕羅巾夢不成，夜深前殿按歌聲。紅顏未老恩先斷，斜倚薰籠坐到明。」以及清朝吳偉業的《圓圓曲》：「鼎湖當日棄人間，破敵收京下玉關，慟哭六軍俱縞素，衝冠一怒爲紅顏。」這裡的紅顏則是指女性跟美女而言。《西遊記》第七十回中提到「紅顏薄命」一詞：「誠然是：自古紅顏多薄命，懨懨無語對東風。」意思就是自古以來美女的命運總是多舛，下場通常都不太好。

【青史】

這裡的「青」指的是竹簡，「史」是指歷史或史書，在還沒有發明紙張的古代，一般的書籍大都使用竹簡所製成。竹簡也就是串起來的竹片，古人將其編聯成形狀像「冊」字的書，作爲書寫的工具，亦用來記載歷史，所以後世即以青史作爲史書的代稱。成語「名留青史」便是指在歷史上留下功名，永垂不朽。而「汗青」一詞亦指史書而言。竹子表面有一層竹青，含水分，不易刻字，古人將竹簡放到火上炙烤，經火烤處理的竹簡刻字方便且防蟲蛀。當時人們把這火烤的程序叫做「殺青」，也叫「汗青」。所以汗青一詞亦被後世比喻爲史書。如文天祥的《過零丁洋》裡有：「皇恐灘頭說皇恐，零丁洋裡歎零丁。人生自古誰無死，留取丹心照汗青。」

尤三姐

【三千】

「弱水三千」原句出自《紅樓夢》第九十一回：「寶玉呆了半晌，忽然大笑道：『任憑弱水三千，我只取一瓢飲。』」「弱水」一詞始見於《尚書．禹貢》篇：「導弱水至於合黎。」古代用弱水來泛指險惡而遙遠的河流，現今則將「弱水」引申爲愛情河。「三千」則源於佛教用語，如佛家三千大千世界，便是形容無量無邊孕育生命的浩瀚宇宙。「一瓢飲」則見於《論語．雍也篇》：「子曰：賢哉！回也。一簞食，一瓢飲，在陋巷。人不堪其憂，回也不改其樂。賢哉，回也！」「弱水三千，只取一瓢飲」原義爲「弱水有三千華里那麼長，水量雖然豐沛，但只舀取其中一瓢來喝。」現引申爲，可以交往的對象雖然很多，但我卻只喜歡妳一個人。指一個人的感情專一。

【髮如雪】

《髮如雪》之歌名一如「東風破」爲原創，並非抄襲自任何古典詩詞或詞牌名，在周杰倫《十一月的蕭邦》繁體字版的歌詞本中，《髮如雪》的歌名下有一行引言，原句如下：「極凍之地，雪域有女，聲媚，膚白，眸似月，其髮如雪；有詩嘆曰：千古冬蝶，萬世淒絕。」這段引言並非出自任何古史資料，實爲營造《髮如雪》的古典氣質所刻意杜撰之文言文形式的句子。《髮如雪》的歌名靈感來自於李白《將進酒》中的詩句：「君不見黃河之水天上來，奔流到海不復回；君不見高堂明鏡悲白髮，朝如青絲暮成雪....」作者閱後感嘆其青絲華髮一夕成雪，隨後便在髮與雪中添一「如」字，遂得「髮如雪」一詞。

【邀明月】

「邀明月，讓回憶皎潔....」與「我舉杯，飲盡了風雪....」借用了李白的詩句《月下獨酌》：「花間一壺酒，獨酌無相親；舉杯邀明月，對影成三人。」在此將「舉杯邀明月」拆開成「舉杯」與「邀明月」，分別融入歌詞中使用，但僅取其詩句的流傳度與熟悉感，與原句之意涵無關。舉杯邀明月，對影成三人，此句中的三人指的是李白、月亮以及李白自己的影子。

【銅鏡】

現代人多使用水銀鏡面所製造的鏡子來梳化妝，但在古代玻璃鏡尚未問世之前，古人皆以銅錫合金的鑄造法製作銅鏡，待銅鏡澆灌完成後，再將其鏡面打磨拋光以照面，在日常生活中用來端正衣冠、整理儀容。《唐書魏徵傳》中有一段跟銅鏡相關的名句：太宗謂梁公曰：「以銅爲鏡，可以正衣冠；以古爲鏡，可以知興替；以人爲鏡，可以明得失。朕嘗寶此三鏡，用防己過。今魏徵殂逝，遂亡一鏡矣。」

【東流水】

在古詩詞中，「東流水」常被引喻爲時間消逝就如同東流之水一樣，是任誰也無法阻止的自然定律。因中國地理環境爲西北高東南低，故主要河川如長江、黃河、淮河、珠江均向東流，如李煜《虞美人》裡「問君能有幾多愁？恰似一江春水向東流。」以及《相見歡》中「胭脂淚，相留醉，幾時重。自是人生長恨水長東。」還有李白《金陵酒肆留別》的詩句中也有「請君試問東流水，別意與之誰短長?」而蘇東坡（蘇軾）《念奴嬌》中亦有：「大江東去，浪掏盡，千古風流人物。」因古代文人並無宏觀的自然地理認知，故理所當然認爲世上的水理應都是向東流。此外，古代文人也常藉東流水來寫景抒情，甚至有首國語老歌《江水向東流》歌詞裡寫著「江水向東流，它一去不回頭，爲什麼江水悠悠帶不去我的煩憂？」反觀台灣的地理環境迥異內地，大多數的河川並非向東流。因中央山脈位於中間，因此西部的主要河川如濁水溪、大甲溪、曾文溪、大肚溪等都是向西流，甚至高屏溪是向南流，淡水河向北流，只有秀姑巒溪與卑南溪是向東流。

2006

## 霍元甲

喝　命有幾回合　擂台等著
生死狀　贏了什麼　冷笑著
天下誰的　第一又如何　止干戈　我輩尙武德

我的　拳腳了得　卻奈何　徒增虛名一個
江湖難測　誰是強者　誰爭一統武林的資格

小城裡歲月流過去　清澈的勇氣
洗滌過的回憶　我記得你　驕傲的活下去

霍霍　霍霍霍　霍霍霍　霍家拳的套路招式靈活
我我　我我我　我我我　活著生命就該完整度過
我我　我我我　我我我　過錯軟弱從來不屬於我
霍霍　霍霍霍　霍霍霍　我們精武出手無人能躲

---

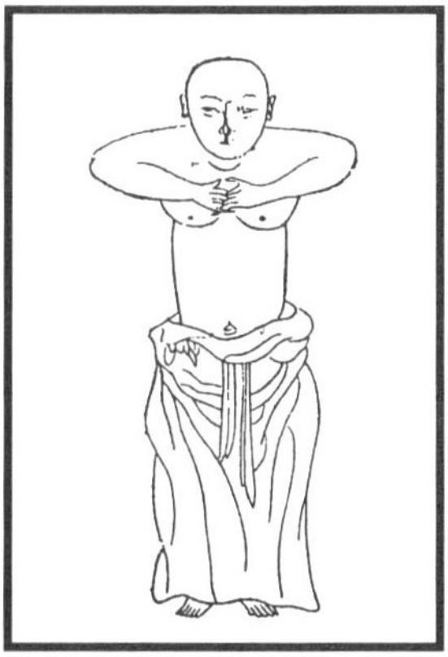

【生死狀】

生死狀是發生攸關生命的行爲之前，雙方簽下的免責切結書，內容不外乎「生死兩不追究」、「生死有命、富貴有天」等。生死狀是白紙黑字的合約，以確保雙方出手時能義無反顧、全力以赴。中國近代的武術擂台開賽前，都要先簽生死狀。據說清代武學大師霍元甲家中大廳就掛滿了與人性命相搏所得來的生死狀。另外除生死狀外，古代綠林組織也常要求加入者納「投名狀」，意思是繳交（投）自身姓名的狀紙，等於是提出申請。投名狀之形式除書寫外，亦有要求加入組織者共同做一件事，通常爲殺人。

【霍家拳】

清朝興起的武術八極拳擁有許多流派，霍家八極拳即其中一支。因霍家傳內不傳外，因此霍氏八極拳也簡稱爲霍家拳。霍家拳是霍姓數代武學家潛心修習的成果，最有名的爲體系完整的「秘宗拳」，其後代武術家霍元甲，更融合各家之長，將秘宗拳發展爲「迷蹤拳」，使祖傳武藝達到另一個高峰。霍元甲之後開了拳法外傳的先例，並創立精武體育會，孫中山先生曾贈與親筆「尚武精神」四字，表彰以武會友、增強體魄的霍家拳術精神。

【江湖】

江湖兩字拆開各自可指地理上的三江五湖，但「江湖」兩字成一對詞，在中國文化中另有指涉的意涵，如《莊子・大宗師》：「泉涸，魚相與處於陸，相呴以濕，相濡以沫，不如相忘於江湖。」中的江湖指的即是廣闊逍遙的適性之處；北宋范仲淹《岳陽樓記》：「居廟堂之高，則憂其民；處江湖之遠，則憂其君。」的江湖則用來指民間社會，有與朝廷相對的意思。也因爲高人隱士不甘於受朝廷指揮控制，鄙棄仕途，以睥睨傲然之情，逍遙於適性之所，所以江湖也被近代武俠小說，引爲豪傑俠客所闖蕩的社會。因爲武俠小說裡的那種刀光劍影的生活並非正常的生活秩序，現今社會也唯有以暴力衝突爲常態的黑道生態貼近所謂的江湖，也因此，江湖一詞已演變成較爲負面或特定的用語，如「混江湖」，意指混黑道；「老江湖」，喻見多識廣之負面人物；「江湖險惡」，指是非紛擾之地等。而那句大家耳熟能詳的「人在江湖，身不由己」（此話語出古龍）意指人身處在特定環境中，因顧及周遭人事的壓力，常做出非出於己願的事。

【武林】

武俠小說中常出現「武林高手」、「武林盟主」，「武林大會」等專有名詞，線上遊戲裡也有《武林外傳》、《武林群俠傳》等，那到底何爲武林呢？武林並非江湖的同義詞，江湖社會所涵蓋的範圍極大，三教九流人士皆有，如命相卜卦、和尚法師，甚至乞丐宵小等皆可稱之爲江湖中人。武林也非武館鑣局林立之處，更不是指綠林好漢聚集之地。武林，它是武術界各門派的一個泛稱。主要是指一個擁有武功底子的人所處的大團體，而非單指個人。如練武之人，我們可說他是武林中人，也就是說習武之個人包含在武林這個團體中。至於武林盟主僅出現在武俠小說中，眞實社會並未出現過眞正一統武林各門派之人。不過近代天津的霍元甲，廣東的黃飛鴻等人，因武功高超，德術兼備，被視爲精神上的武林盟主。

2006

## 花戀蝶

幽幽歲月　浮生來回　屏風惹夕陽斜
一半花謝　一半在想誰　任何心事妳都不給
油盡燈滅　如斯長夜　我輾轉難入睡
柳絮紛飛　畢竟不是雪　感覺再也找不回
潑墨中的山水　妳畫了誰　我攤開捲軸上　人物描寫
我從未擁有過妳　一整夜　他卻　有妳　手繪的體貼
落款中署名悔　妳傷過誰　不忍看宣紙內　暈開的淚
妳細膩觸摸有他　的一切　我在　妳的　周圍妳沒感覺
油盡燈滅　如斯長夜　我輾轉難入睡
柳絮紛飛　畢竟不是雪　感覺再也找不回

---

【花戀蝶】

出於「蝶戀花」這詞牌名稱。詞牌原本是歌曲名，詞和著樂曲唱，因此最初也被稱爲「曲子詞」。後來詞逐漸脫離音樂，獨立成爲一種長短句的詩體，詞牌也成爲格式的名稱，規定詞的字數、句數、平仄和押韻等格律。也就是先有固定的詞牌形式，即曲譜（音樂），然後詞意再依格而填，所以叫「填詞」，跟現代歌詞一樣，先有曲再填詞。詞牌只規定譜詞形式，與該詞的內容通常沒有關係。同一詞牌名可以有很多不同的詞，如歐陽修、李清照，蘇軾等人都填過「蝶戀花」此一詞牌。而爲避免混淆，有的詞會在詞牌下加題目，如蘇軾《念奴嬌·赤壁懷古》，「念奴嬌」也是一相當知名的詞牌。

潑墨中的山水　妳畫了誰　我攤開捲軸上　人物描寫
我從未擁有過妳　一整夜　他卻　有妳　手繪的體貼
落款中署名悔　妳傷過誰　不忍看宣紙內　暈開的淚
妳細膩觸摸有他　的一切　我在　妳的　周圍妳沒感覺

小橋流水　花戀蝶　風輕輕的吹
往事莫追　妳了解　我等的是誰
梅雨時節　飄落葉　等滿滿的水位
全身而退　我不會　我等時間慚愧

【潑墨山水】

「潑墨」爲中國畫技法名，以水調墨潑灑紙上，然後就墨色濃淡、墨跡大小，隨意點染成山成雲，山水畫多以此種畫法表現氣韻，稱爲「潑墨山水」。山水畫在隋唐時期發展成爲一門獨立的畫類。晚唐時潑墨畫法出現，《唐朝名畫錄》寫王墨酒醉後以墨潑於絹上，以手腳掃墨，隨形畫成山川雲雨「宛若神巧，俯視不見其墨汙之跡」。當代以潑墨山水聞名的當屬已逝國畫名家張大千。中國古代的畫家常以抽象之概念表達心中所見，即所畫之潑墨山水並非親眼目睹，而是自身對山水景物之美的印象做爲繪畫的取材；反觀西方油畫則常以眼中所觀的具體人事物做爲繪畫的對象。

【捲軸】

是中國裱畫最常見的形式，以裝有軸杆得名。古人將字畫捲在軸外，便於收藏整理，國畫的計量單位「軸」即由此而來。捲軸也是中國古籍裝幀形式之一，盛行於南北朝至唐代，敦煌千佛洞發現的數以萬計的古書幾乎都是捲軸。捲軸外面包上「帙」，也稱爲書衣，帙用細竹簾編成，外面蒙上絹綾等各色絲織品分類，並在軸的一頭掛上一小塊象牙刻上書名和卷數，以便從架上尋找。紙書盛行後，裝幀亦是將寫好的長條紙書，從尾向前捲起，形成捲子形式，又名捲子裝。捲軸是中國書畫史上相當獨特的一種裱褙裝訂方式。

【落款】

所謂落款，就是在書畫或瓷器上題名號、日期、詩句或用印等。繪畫的落款，最早可能出現在東晉（見顧愷之的《女史箴圖》），最遲見於隋唐，宋逐漸流行。宋代有些畫家會在較不醒目的角落落款，如范寬在《谿山行旅圖》中就將「范寬」二字寫在樹叢裡；元代時，除了落款，還會在明顯處加上相關題記或詩文。清乾隆皇是有名愛在書畫上落款題字的人，但他題的書畫，很多不是他的作品，因此往往破壞原作的畫面感與完整性。

【柳絮紛飛】

這句話來源很有趣味，也說明女子的才智與美感絕不輸男子。典故來自《世說新語．言語篇》：「謝太傅寒雪日內集，與兒女講論文義，俄而雪驟，公欣然曰：『白雪紛紛何所似？』兄子胡兒曰：『撒鹽空中差可擬。』兄女曰：『未若柳絮因風起。』公大笑樂。」「撒鹽」與「柳絮」都是描寫白雪紛飛的狀態，只是「柳絮」更加輕揚，貼切描繪出雪的輕盈動態。雖說「未若柳絮因風起」比起「撒鹽空中差可擬」更能貼切形容紛飛的白雪，但再怎麼神似，柳絮畢竟不是眞的雪，因而借用在《花戀蝶》歌詞中，「柳絮紛飛畢竟不是雪，感覺再也找不回」以表達對愛情再也無法重回當初那種感覺的遺憾。

晉太傅謝公
公名安字安石居會稽東山年四十餘始出仕頃之加侍中獨領朝政詔求
文武良將可鎮御北方者安以兄子玄應詔苻堅率百萬衆入寇京師
震恐玄問計安曰已別有旨命駕出遊圍棋賭墅若忘有大敵在前
者及破敵書至看竟與客圍棋如故問之乃徐荅曰小兒輩遂已破
賊過戶限心甚喜不覺屐齒之折也功名比之王導而文雅過之

2006

# 千里之外

屋簷如懸崖　風鈴如滄海　我等燕歸來
時間被安排　演一場意外　妳悄然走開
故事在城外　濃霧散不開　看不清對白
妳聽不出來　風聲不存在　是我在感慨

夢醒來　是誰在窗台　把結局打開
那薄如蟬翼的未來　經不起誰來拆

我送妳離開　千里之外　妳無聲黑白
沉默年代　或許不該　太遙遠的相愛
我送妳離開　天涯之外　妳是否還在
琴聲何來　生死難猜　用一生　去等待

聞淚聲入林　尋梨花白　只得一行　青苔
天在山之外　雨落花台　我兩鬢斑白
聞淚聲入林　尋梨花白　只得一行　青苔
天在山之外　雨落花台　我等妳來

一身琉璃白　透明著塵埃　妳無瑕的愛
妳從雨中來　詩化了悲哀　我淋濕現在
芙蓉水面採　船行影猶在　妳卻不回來
被歲月覆蓋　妳說的花開　過去成空白
夢醒來　是誰在窗台　把結局打開
那薄如蟬翼的未來　經不起誰來拆
我送妳離開　千里之外　妳無聲黑白
沉默年代　或許不該　太遙遠的相愛
我送妳離開　天涯之外　妳是否還在
琴聲何來　生死難猜　用一生
我送妳離開　千里之外　妳無聲黑白
沉默年代　或許不該　太遙遠的相愛
我送妳離開　天涯之外　妳是否還在
琴聲何來　生死難猜　用一生　去等待

---

【梨花白】

《千里之外》歌詞中有句：「聞淚聲入林，尋梨花白，只得一行青苔。」此處的「梨花白」意指眼淚，如「淚帶梨花」。梨樹在春末開花，其花色白而豔美，故古人常以梨花之飄落來形容女子楚楚動人的眼淚。關於「淚帶梨花」最著名的詩句有唐白居易《長恨歌》：「玉容寂寞淚闌干，梨花一枝春帶雨。」這是形容唐楊貴妃哭泣時的姿態，猶如沾著雨點的梨花一樣。其他以梨花形容美女之淚容的詩句尚有宋歐陽修《漁家傲》：「三月芳菲看欲暮，胭脂淚灑梨花雨。」宋趙令畤《商調蝶戀花》：「彈到離愁淒咽處，絃腸俱斷梨花雨。」唐劉方平《春怨》：「寂寞空庭春欲晚，梨花滿地不開門。」以及宋李甲的《憶王孫》：「萋萋芳草憶王孫，柳外樓高空斷魂，杜宇聲聲不忍聞。欲黃昏，雨打梨花深閉門。」

2006

# 本草綱目

如果華佗再世　崇洋都被醫治
外邦來學漢字　激發我民族意識
馬錢子　決明子　蒼耳子　還用蓮子
黃藥子　苦豆子　川楝子　我要面子
用我的方式　改寫一部歷史

沒什麼別的事　跟著我念幾個字
山藥　當歸　枸杞　GO
山藥　當歸　枸杞　GO
看我抓一把中藥　服下一帖驕傲

我表情悠哉　跳個大概
動作輕鬆自在　妳學不來
霓虹的招牌　調整好狀態
在華麗的城市　等待醒來

我表情悠哉　跳個大概
用書法書朝代　內力傳開
豪氣揮正楷　給一拳對白
結局平躺下來看誰厲害

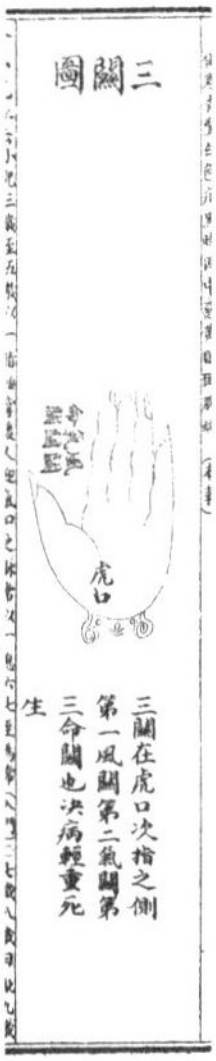


【本草綱目】

《本草綱目》共有52卷，載有藥物1892種，是明朝李時珍（1518－1593年）歷時27年心血總結了他之前中國歷代的藥學成就，並糾正錯誤的用藥知識，並加入新的藥草種類，才得以成書。書中將藥物分礦物藥、植物藥、動物藥，分類方法十分科學，分門別類，層次分明。《本草綱目》不僅是藥物學著作，還收入地球科學相關知識，內容廣泛，被翻譯成數種語言流傳於世，是具有世界影響力的博物學著作。

煉成什麼丹　揉成什麼丸
鹿茸切片不能太薄　老師傅的手法不能這樣亂抄
龜苓膏　雲南白藥　還有冬蟲夏草
自己的音樂自己的藥　份量剛剛好

聽我說中藥苦　抄襲應該更苦
快翻開本草綱目　多看一些善本書
蟾蘇地龍　已翻過江湖
這些老祖宗的辛苦　我們一定不能輸

就是這個光　就是這個光　一起唱
就是這個光　就是這個光　嘿
讓我來調個偏方　專治你媚外的內傷
已紮根千年的祕方　有別人不知道的力量

蹲　小殭屍蹲　小殭屍蹲
又蹲　小殭屍蹲　暗巷點燈
又蹲　小殭屍蹲　鑽蘿蔔坑
又蹲　小殭屍蹲　念咒語哼
啦啦~啦啦~啦啦~啦啦~啦啦~啦啦~啦啦~

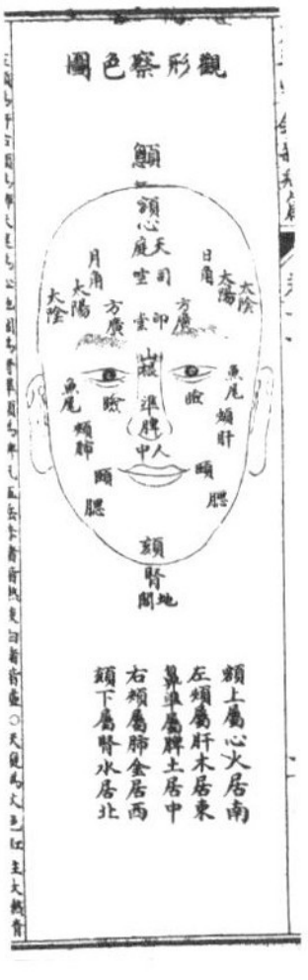


【華佗】

東漢人華佗（145年－208年）是世界上第一位發明麻醉劑（酒服麻沸散）的醫學家，曾幫病人全身麻醉施行刳破腹背的外科手術。反觀西方要到十九世紀，才開始使用麻醉劑。華佗另外還發明「五禽之戲」，以虎鹿熊猿鳥等獸的姿勢來運動養生，《後漢書》就記載他：「曉養性之術，年且百歲，而猶有壯容，時人以爲仙。」據《三國志》記載，當時曹操患有「頭風眩」病，即是華佗以針灸所治好。今人若欲讚譽他人醫術高明時，均以「華佗再世」稱之。華佗晚年因得罪曹操而被處死，臨終前給了獄吏一卷醫書，但獄吏不敢收，華陀不得不含淚將其焚燒。華佗雖以醫術傳世，可惜未留下任何出自其親筆之醫學著作。

【善本書】

在中國古代，書籍常會有許多不同的版本，品質往往良莠不齊，因此只要是經過校訂嚴謹、抄寫優美以及印刷精緻的珍貴版本就叫做善本書。後來善本書的定義更廣，刻印較早、流傳較少的各類古籍，也可稱善本。中國在七十年代末期編撰了《中國善本書總目》，裡頭針對年代、版本、印刷、內容等條件，爲善本書的定義訂出了一套標準。

【殭屍】

根據中國民間傳說，人死後很長一段時間始終沒有腐爛，而且屍體還會行走，就叫做殭屍，介於人與鬼之間。根據清代紀曉嵐《閱微草堂筆記》的定義，所謂的殭屍有二：「其一新死未殮者，忽跳起搏人；其一久葬不腐者，變形如魑魅，夜或出游，逢人即攫。」形貌則爲：「白毛遍體，目赤如丹砂，指如曲勾，齒露唇外如利刃....接吻噓氣，血腥貫鼻....」恐怖唷！另外，「湘西趕屍」所趕的亦爲殭屍。湘西趕屍是個古老神祕且傳奇的民間傳說，盛行於湖南西部地區。一般對殭屍傳說的認知主要來自香港影壇數十年前盛行過的殭屍電影，電影裡對殭屍的描述主要有殭屍非常忌怕桃木劍與黑狗血，暫停停止呼吸可防殭屍嗅出人氣，還有以生雞血寫上道家經文之符貼於其額頭上可防屍變等。

【中藥】

清末西藥輸入中國，爲了以示區別，便將中國傳統的醫藥稱爲「中藥」。中藥古稱「本草」，因爲古代多以植物入藥，《說文解字》便記載：「藥，治病草也，從草。」我國現存最早的醫學理論著作爲《黃帝內經》，而最早的完整中藥學專著是漢代《神農本草經》，共收錄了365種不同的植物藥、動物藥和礦物藥。明代李時珍的《本草綱目》則總結中國歷來的藥物經驗，收入1892種藥材，對後世藥物學有影響重大。《本草綱目》歌詞中出現之馬錢子、決明子、蒼耳子、蓮子、黃藥子、苦豆子、川楝子、山藥、當歸、枸杞、蟾蘇以及地龍等，均爲中醫藥引名。

【龜苓膏】

相傳是清朝時從宮廷流入民間的御用藥膳，主要成分是龜板、土茯苓，金銀花、苦參、防風等二十餘味中藥材熬煮，凝固成黑色膏狀。龜苓膏主成分加上不同配方，會有不同的功效，主要能清熱解毒、滋補養顏。現今龜苓膏多被用作甜品食用，是中國廣東、廣西一帶的傳統藥用食補。龜苓膏現今亦爲香港觀光旅遊時頗具指標性的食品。

【雲南白藥】

雲南著名的漢方成藥，民間運用甚廣，常用於止血消炎。曾是抗戰時期的重要戰備物資，流傳至今已有一百多年歷史，被譽爲傷科聖藥。由雲南人曲煥章於1902年研製，最初取名爲「百寶丹」，此藥藥效卓著享譽海外，盛行於東南亞的華人地區。其妻繆蘭英曾向中國政府獻出百寶丹祕方，轟動全國，其處方現今仍然是中國政府經濟知識產權領域的最高機密，1995年起被列爲中國國家的「一級保護中藥」。

【冬蟲夏草】

唐朝《段成式隨筆》中提到「菌生于峰」，那是最早描寫冬蟲夏草的正式紀錄。冬蟲夏草的產地多集中於青海、西藏、四川、雲南等省的寒冷高原地帶。秋冬之際，子囊菌侵入藏伏在土中的蝙蝠蛾幼蟲，在其體內生成菌絲體最後導致蟲死亡，此即爲冬蟲。等到隔年春夏，從蟲體頭部長出如草般的子實體，穿出土面，則爲夏草。簡單說，冬蟲夏草就是菌蟲合體物。冬蟲夏草療效甚多，最主要是治療氣喘、壯陽與補腎。冬蟲夏草簡稱爲「蟲草」，古代醫書推崇蟲草爲「千年國藥」、「藥中之王」，是比鹿茸、人參、靈芝還要尊貴的藥材。

2006

# 菊花台

妳　的淚光　柔弱中帶傷
慘白的月彎彎　勾住過往
夜　太漫長　凝結成了霜
是誰在閣樓上　冰冷的絕望

雨　輕輕彈　朱紅色的窗
我一生在紙上　被風吹亂
夢　在遠方　化成一縷香
隨風飄散　妳的模樣

菊花殘　滿地傷　妳的笑容已泛黃
花落人斷腸　我心事靜靜躺
北風亂　夜未央　妳的影子剪不斷
徒留我孤單在湖面　成雙

花　已向晚　飄落了燦爛
凋謝的世道上　命運不堪
愁　莫渡江　秋心拆兩半
怕妳上不了岸　一輩子搖晃

誰　的江山　馬蹄聲狂亂
我一身的戎裝　呼嘯滄桑
天　微微亮　妳輕聲的嘆
一夜惆悵　如此委婉

菊花殘　滿地傷　妳的笑容已泛黃
花落人斷腸　我心事靜靜躺
北風亂　夜未央　妳的影子剪不斷
徒留我孤單在湖面　成雙

---

【夜未央】

「夜未央」，簡單說就是三更半夜。未央就是未到一半的意思，所以，夜未央也可說是夜晚將盡未盡時。還有一本在1959年出版的小說，鹿橋所著的《未央歌》，也以未央當書名。「未央歌」也就是還沒有唱到一半的歌，指的就是故事還沒結束。《未央歌》描述的是以雲南西南聯合大學的學生爲背景的愛情故事，極受六、七十年代的學子喜愛。據鹿橋本人表示，之所以命名爲《未央歌》，是受到一塊出土的漢磚所觸發的靈感，漢磚上寫著「千秋萬世、長樂未央」等字。另外西漢有座宮殿名爲「未央宮」，是漢高祖在公元前200年所興建，爲西漢的政治中心。

2006

# 黃金甲

旌旗如虹　山堆疊如峰
這軍隊蜿蜒如龍　殺氣如風　血色如酒紅
將軍我傲氣如衝　神色悍如凶
黃金甲如忠　鐵騎剽悍我行如轟

景色如冬　蕭瑟如風　攻勢如弓　魂斷猶如夢中
一靜一動　如松　千年不變　如空　如空　如空

血染盔甲　我揮淚殺
滿城菊花　誰的天下
宮廷之上　狼煙風沙
生死不過　一刀的疤

仇恨綿延如火　愁入眉頭如鎖
情感漂泊漂泊　漂泊一世如我
今生繁華如昨　兵戎相見如破
千軍萬馬萬馬　萬馬奔騰那骨肉相殘如錯

【黃金甲】

這首詞是爲了電影《滿城盡帶黃金甲》所做，也是取材自唐末黃巢之亂的首領—黃巢的《不第後賦菊》：「待到秋來九月八，我花開後百花殺。沖天香陣透長安，滿城盡帶黃金甲。」黃巢詩作只有三首，以此詩最爲有名，相傳是他落第後有感而發所做。雖詩名中有「菊」，詩中卻不見菊。「菊」在此處也失掉其尋常的象徵意義，譬如清高或堅貞，反而被用來比喻黃金甲，也就是起義之兵。想想，菊花滿城遍野，宛若披甲執銳的戰士，多麼壯美。

陳年戰事如酒　成敗轉眼如秋　遍地烽火烽火

那烽火回憶如鏽　吼吼吼吼　（那烽火回憶如鏽）
那殺戮過重如否　吼吼吼吼　（那殺戮過重如否）
那烽火回憶如鏽　吼吼吼吼　（那烽火回憶如鏽）
皇室血脈如斷流　（皇室血脈如斷流）

血染盔甲　我揮淚殺　滿城菊花　誰的天下
宮廷之上　狼煙風沙　生死不過　一刀的疤
盔甲　我揮淚殺　滿城菊花　誰的天下
宮廷之上　狼煙風沙　生死不過　一刀的疤
血染盔甲　我揮淚殺　橫刀立馬　看誰倒下
愛恨對話　歷史留下　誰在亂箭之中瀟灑

2006

# 大敦煌

敦煌的駝鈴　隨風在飄零
那前世被敲醒　輪迴中的梵音　轉動不停
我用佛的大藏經念你的名
輕輕呼喚我們的宿命
輕輕呼喚我們的宿命
殘破的石窟　千年的羞辱
遮蔽了日出　浮雲萬里橫渡　塵世的路
我用菩薩說法圖爲你演出
今生始終無緣的共舞
今生始終無緣的共舞
敦煌的風沙　淹沒了繁華
飄遙多少人家　一杯亂世的茶　狂飲而下

---

【敦煌石窟】

敦煌石窟是中國甘肅省敦煌一帶的石窟總稱，以佛教的壁畫和塑像聞名於世，被列爲世界文化遺產，其中以莫高窟建窟最早也最爲豐富，因此有時敦煌石窟也專指莫高窟。石窟最早建於前秦建元二年（西元366年），到唐代已有一千餘窟，經歷代坍塌毀損，現存約五百窟，保存著歷代塑像2400多身，壁畫四萬餘平方公尺，藏經洞五萬餘件古代文物。如今還衍生出專門研究敦煌石窟的學科「敦煌學」。莫高窟現編號十七的石窟，即爲當初發現敦煌經卷之處，俗稱「藏經洞」。「藏經洞」內之經卷現分藏於中國國家圖書館、大英博物館、法國國立圖書館，以及日本民間收藏家中。其經卷之年代橫跨七百多年（即4世紀的十六國到11世紀的北宋），經卷內容主要爲佛經，此外還有道經、儒家的經典以及小說、詩賦、史籍、地籍、帳冊、歷本、契據、信札、狀牒等。除漢文外其他尚有藏文、梵文、齊盧文、粟特文、和闐文、回鶻文、龜茲文等。莫高窟的藏經洞是中國考古史上的一次非常重大的發現。

我用飛天的壁畫描你的髮
描繪我那思念的臉頰
我在那敦煌臨摹菩薩
再用那佛法笑拈天下

【菩薩說法圖】

敦煌石窟的壁畫，有著高度藝術與宗教文化的表現，敦煌千佛洞有著大量壁畫，其中一類主要爲各種佛像和說法圖。這些說法圖繪有各式各樣的彌勒與菩薩，佛像多倚坐或交腳而坐，手作說法印，象徵彌勒菩薩在率眾說法。在佛教教義中，觀音菩薩本非女身，但中國覺得女性符合菩薩慈悲的性格，因此石窟中觀音說法圖皆表現爲女性之身，法相莊嚴、面容慈祥。菩薩此一佛學名詞之稱號，同時亦指處於佛學某階段的修行者。

【梵音】

梵音在佛教裡是誦唱佛經的聲音。唐王勃《遊梵宇三覺寺詩》：「蘿幌棲禪影，松門聽梵音。」在古印度思想中，「梵」是創造世界的原理，爲梵語brahma的音譯。佛教認爲梵無所不在，修行者經由誦持佛說的語言能讓心境與無形的梵合而爲一，因此時常誦聞梵音可達到解脫、渡化的目的。梵音即梵語，爲印歐語系最古老的語言之一。和拉丁語一樣，梵語已成爲一種學術和宗教性質的專門語言。印度教早期的經典《吠陀經》即用梵文（梵音）寫成。梵語流傳至今，已成佛教的專用咒語（日本稱咒語爲眞言），如同天主教用拉丁文作爲宗教事物上專用之文字一樣。

【大藏經】

彙集佛教一切經典，成爲一部全書的總稱。其內容主要由經、律、論三部分組成，分別爲經藏、律藏和論藏，所以又稱爲「三藏經」。「經」是佛指導弟子修行所說的話；「律」是弟子日常生活應遵守的規則；「論」是佛闡明經的著述。佛弟子爲了永久保存佛所說的法，把佛說的話統一紀錄下來。我國現存漢譯大藏經，是後漢時從印度佛經原典翻譯過來。現存許多經錄之中，以唐代智升《開元釋教錄》最爲詳盡，歷代刻藏，是漢文大藏經的基本原型。而最早促使大藏經匯編成書的皇帝爲梁武帝。

【飛天】

指敦煌石窟內的飛仙女神，現存四千五百餘像。飛天在佛國司散花、歌舞、供獻，表示對佛的禮讚，祂的形象在不同時代，有不同的藝術風格。盛唐也是飛天的鼎盛時期，特色是衣裙飄曳、輕盈凌空，動態自如，自由奔放，如同李白《古風詩．西上蓮花山》中對仙女的描寫：「素手把芙蓉，虛步躡太清。霓裳曳廣帶，飄拂升天行。」敦煌石窟內精彩絕倫的壁畫曾吸引中國近代蜚聲國際的畫家張大千前往臨摹，張氏歷時近三年，得畫276幅，其中即有著名的唐代壁畫飛天。

2007

# 小小

回憶像個說書的人　用充滿鄉音的口吻
跳過水坑　繞過小村　等相遇的緣份

你用泥巴捏一座城　說將來要娶我進門
轉多少身　過幾次門　虛擲青春

小小的誓言還不穩　小小的淚水還在撐　稚嫩的唇　在說離分

我的心裡從此住了一個人　曾經模樣小小的我們
那年你搬小小的板凳　爲戲入迷我也一路跟

我在找那個故事裡的人　你是不能缺少的部份
你在樹下小小的打盹　小小的我傻傻等

回憶像個說書的人　用充滿鄉音的口吻
跳過水坑　繞過小村　等相遇的緣份

---

【說書】

中國民間說唱藝術。說書表演在唐宋時期興起，當時稱爲「說話」，內容以歷史、神怪和佛教故事居多。宋代稱說話的底本爲「話本」，瓦子、茶肆酒樓、廣場空地是當時說唱娛樂的地點。到了元明兩代，說話技藝以「講史」爲最盛，講史又稱「平話」，與清代以後的評話、評書相同。說話對後世的說書藝術、中國戲曲的形成和白話小說的發展影響甚鉅，不僅爲宋元的雜劇提供了豐富的題材，明代小說也採取話本的形式，推動了白話章回小說的出現。清代，說書藝術日益成熟，當時文學作品中多有相關描述，如《老殘遊記》：「明兒白妞說書。我們可以不必做生意，來聽書罷！」

你用泥巴捏一座城　說將來要娶我進門
轉多少身　過幾次門　虛擲青春

小小的感動雨紛紛　小小的彆扭惹人疼　小小的人　還不會吻
我的心裡從此住了一個人　曾經模樣小小的我們
那年你搬小小的板凳　為戲入迷我也一路跟
我在找那個故事裡的人　你是不能缺少的部份
你在樹下小小的打盹　小小的我傻傻等
我的心裡從此住了一個人　曾經模樣小小的我們
當初學人說愛唸劇本　缺牙的你發音卻不準
我在找那個故事裡的人　你是不能缺少的部份
小小的手牽小小的人　守著小小的永恆

2007

## 夢紅樓

鴛鴦橋伴水流　迴廊邊垂楊柳
如詩的景色我在畫中走
春雨下梨花落　門前竹依舊瘦
我養了一池心事向誰說

湖面如鏡被歲月吹皺
我們的故事話說從頭
前世的姻緣一語被道破
遠方的橫笛聲傳來聲聲愁

我夢回　夢紅樓
妳眉間一抹秋
前塵往事被我們微笑帶過

我夢回　夢紅樓
妳目光撒溫柔
繡花枕頭繫著今生相遇的線索

---

【紅樓夢】

《紅樓夢》為「中國古典文學四大名著」之一，內容除了描寫賈寶玉與林黛玉等人的情愛糾葛外，更是中國貴族的家族興衰史。目前最早的抄本出現於清朝乾隆中期。《紅樓夢》原名《石頭記》，此外還有《金玉緣》、《情僧錄》、《風月寶鑒》、《金陵十二釵》等名，後來才被題為《紅樓夢》。根據胡適與林語堂的考證，《紅樓夢》前八十回為清代的曹雪芹所作，後四十回則經高鶚和程偉元補成全書。因為紅樓夢涉及的領域很寬，除了龐雜的故事與豐富的人物之外，還有關於當代庶民生活的細膩描述以及詩詞引用等，甚至裡面連中藥的藥引都鉅細靡遺詳列出來。所以紅樓夢不能單純視為一本愛情小說，也因此，學術界有所謂的「紅學」，專門研究紅樓夢一書。

我夢回　夢紅樓
妳紅妝低頭羞
花前月下情關越解門越鎖

我夢回　夢紅樓
妳的笑　已熟透
這渡船頭妳與我瀟灑共遊

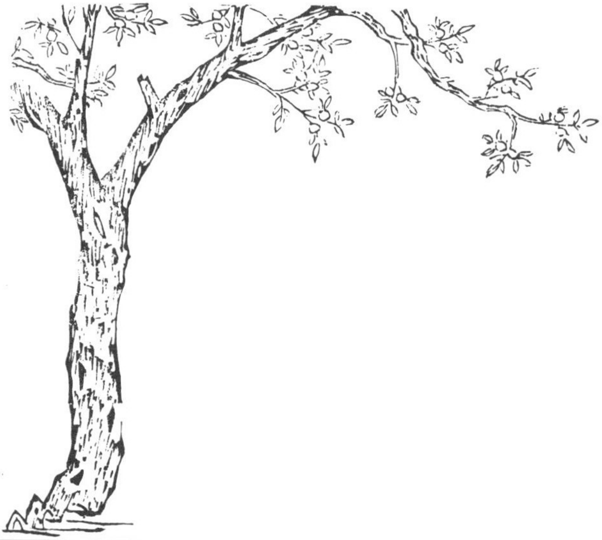

【鴛鴦】

鴛指雄鳥，鴦指雌鳥，體型比鴨子小。鴛鴦在清朝時從中國輸出到國外，所以英文俗名爲「Mandarin Duck」，也就是「東方的鴨子」。鴛鴦最早出現在《詩經．小雅》中，是裡頭的篇名：「鴛鴦于飛，畢之羅之。君子萬年，福祿宜之。」不過這裡的鴛鴦指的是君王，而非我們一般熟悉的夫妻。要在崔豹的《古今注》中，鴛鴦才象徵了「只羨鴛鴦不羨仙」的恩愛意境：「鴛鴦、水鳥、鳧類，雌雄未嘗相離，人得其一，則一者相思死，故謂之匹鳥。」

2007

## 青花瓷

素胚勾勒出青花筆鋒濃轉淡
瓶身描繪的牡丹一如妳初妝
冉冉檀香透過窗心事我了然
宣紙上　走筆至此擱一半

釉色渲染仕女圖韻味被私藏
而妳嫣然的一笑如含苞待放
妳的美一縷飄散　去到我去不了的地方

天青色等煙雨　而我在等妳
炊煙裊裊昇起　隔江千萬里
在瓶底書漢隸仿前朝的飄逸
就當我　爲遇見妳伏筆

天青色等煙雨　而我在等妳
月色被打撈起　暈開了結局
如傳世的青花瓷自顧自美麗
妳眼帶笑意

---

【天青色】

歌詞《青花瓷》裡「天青色等煙雨，而我在等妳」，此「天青色」爲汝窯特有之顏色，即爲驟雨過後的天空色。汝窯是宋代五大名窯「汝、鈞、官、哥、定」之一，因窯址位處宋代汝州境內，故名「汝窯」。汝窯在北宋被金國滅掉後，汝窯瓷也隨之灰飛煙滅，其開窯時間前後只有二十餘年。在歷經了八百多年來的天災人禍，兵荒馬亂，現今傳世之汝窯僅七十餘件，彌足珍貴。汝瓷胎質極細膩，以名貴瑪瑙入釉料，色澤獨特，其釉色猶如雨後天藍色的晴空。「天青色」最初爲五代後周柴世宗對請示御用瓷釉色的窯官所説之顏色，是柴世宗對其御用柴窯出品的陶瓷的贊語：「雨過天青雲破處，這般顏色作將來。」但柴窯僅見史載，至今未發現實物及窯址。後來宋徽宗亦對汝窯獨有之「天青色」發出一樣之贊語。

色白花青的錦鯉躍然於碗底
臨摹宋體落款時卻惦記著妳
妳隱藏在窯燒裡千年的秘密
極細膩　猶如繡花針落地

簾外芭蕉惹驟雨門環惹銅綠
而我路過那江南小鎮惹了妳
在潑墨山水畫裡　妳從墨色深處被隱去

天青色等煙雨　而我在等妳
炊煙裊裊昇起　隔江千萬里
在瓶底書漢隸仿前朝的飄逸
就當我　爲遇見妳伏筆

天青色等煙雨　而我在等妳
月色被打撈起　暈開了結局
如傳世的青花瓷自顧自美麗
妳眼帶笑意

---

【牡丹】

牡丹端麗嫵媚，雍容華貴，素有「花中之王」的美稱，長久以來被視爲富貴吉祥、繁榮興旺的象徵。最愛牡丹的莫過於唐朝人，不僅詩詞中多所詠嘆，李白的《清平調》寫牡丹，更是千古絕唱：「雲想衣裳花想容，春風拂檻露華濃。」而詩人李正封的《牡丹》詩：「天香夜染衣，國色朝酣酒。」更讓「國色天香」成了牡丹的代名詞。自古以來牡丹根皮可以入藥，名曰「丹皮」，具有清血、活血散瘀的功能。在唐朝牡丹花季盛開時，如同現今日本人賞櫻花一樣，爲京城文人雅士間一大盛事也。一句「牡丹花下死做鬼也風流」，即是古代對牡丹此一花卉爲美麗女子的同義詞之戲謔形容。

【漢隸】

隸書起源於秦朝，相傳是秦人程邈整理篆書而成。程邈因罪入獄，由於當時服勞役的獄囚叫做徒隸，所以他整理出來的三千個字，就叫隸書。許愼在《說文解字》就有相關的紀錄：「....秦燒經書，滌蕩舊典，大發吏卒，興役戍，官獄職務繁，初爲隸書，以趨約易。」隸書主要是將篆書圓轉的筆畫改爲方折，便於在木簡上書寫。到了漢代，隸書越來越成熟，也更爲扁平，使用更廣泛，因而稱爲漢隸。漢隸在中國書法史上占有非常重要的地位。唐代韓擇木的《告華岳文》即屬「漢隸」書法。隸書因字形略微寬扁，横畫長而直畫短，講究「蠶頭雁尾」，仍偏藝術性，不適合大量閱讀，故現今僅做爲書法字體欣賞或美術編輯需要時之選字，不像唐楷與宋體字，一直流通並使用在現在的印刷物上。

【青花瓷】

「青花瓷」，顧名思義即爲色白花青的瓷器。色白，指的是瓶身底色爲白；花青，則是其上的圖樣花紋爲青色。青花瓷主要的著色劑爲氧化鈷(CoO)，釉料中包括「鈷」、「鐵」和「錳」三個重要的礦物質。瓷與陶最大不同之處在於原料取得與燒製的溫度。就原料而言，陶器多爲黏土，瓷器原料則爲含石英、雲母、長石等礦物的高嶺土；陶器不耐高溫，但瓷器卻需攝氏1200度以上才能燒製成型。因陶器不耐高溫，故表面多不上釉，直接著色。而瓷器在高溫燒製下，瓷土質轉成玻璃質，並且呈現出透明感，質感遠較陶器高級，故瓷器在藝術領域的價值遠較陶器尊貴。千年以來，一直只有中國掌握了製瓷技術。青花瓷的發展始於初唐，奠基於元代，發展於宋朝，盛於明清。從宋代開始，景德鎮的青花瓷器即輸往海外，是除了茶葉與絲綢外，古代中國相當重要的外銷品。青花瓷到了明宣德時期在燒製技術上達到了高峰，以至於陶瓷界素有「青花首推宣德」之稱譽。而因元代完整大型的青花瓷相當罕見，故在國際拍賣市場上，曾有一件元代青花瓷《青花魚藻紋大罐》，創下二百一十三萬六千英鎊，約今台幣一億二仟多萬的拍賣天價。

【宣紙】

宣紙在中國已有一千多年的歷史，因生產於宣城涇縣而得名。宣紙據傳是由東漢蔡倫發明的植物纖維造紙術慢慢演變而來的，由於質地綿韌潔白，潤墨性強且不變色而被稱爲「紙中之王」、「千年壽紙」。宣紙一詞最早出現在唐代學者張彥遠所著的《歷代名畫記》：「好事者宜置宣紙百幅，用法蠟之，以備摹寫....」《紅樓夢》中的雪浪紙，就是宣紙。早在明嘉靖年間，宣紙就遠銷歐洲，以品質佳聞名中外。雖然現今印刷術發達，但傳統書法的藝術亦一直承傳至今。一般書籍印刷雖已無人採用宣紙，不過書寫書法時，還是會使用宣紙，蓋因其紙質纖維會吸收墨汁之故。

【宋體】

宋體字源於唐宋，盛於明清，其產生與流傳是中國書法與雕版印刷相互融合的結果，可說上承了中國書法的精髓，下開漢字規格化之始。由於宋體字結構嚴謹，字形方正，字末端有「字腳」，並具有橫平豎直，橫細豎粗，筆畫有稜有角卻又秀氣的特色，閱讀時不會讓人產生吃力感，因此廣用於書刊或報章雜誌等印刷上。另外根據史載，此字體最初由宋秦檜所統一使用。宋體字亦是現今電腦打字常選用之字型，在平面印刷物上運用得很廣泛。

【芭蕉】

芭蕉學名*Musa uranoscopos Lour*，爲芭蕉科。芭蕉科屬於單子葉，多年生草本植物，生長在亞熱帶地區。芭蕉爲古代文人雅士頗爲偏愛之觀賞植物，故常出現在詩句中見到它的身影，如清人蔣坦與關秋芙夫妻間互動之佳句，蔣坦題：「是誰多事種芭蕉？早也瀟瀟！晚也瀟瀟！」其妻秋芙對句爲：「是君心緒太無聊！種了芭蕉，又怨芭蕉！」還有宋蔣捷《一翦梅》裡：「流光容易把人拋，紅了櫻桃，綠了芭蕉。」以及李清照的《添字采桑子》中：「窗前誰種芭蕉樹？陰滿中庭。陰滿中庭，葉葉心心，舒卷有餘情。」李煜《長相思》裡也有：「秋風多，雨相和，簾外芭蕉三兩窠，夜長人奈何。」這些詞句具體描述了芭蕉這種植物。另外日本江户時期的一代俳句詩聖「松尾芭蕉」亦以芭蕉爲名，其所居住的芭蕉庵，成爲當時文人絡繹不絕造訪之文壇聖地。順道一提的是，除芭蕉外，楊柳、松樹、竹子以及梅樹等這四種植物常出現在歷代詩書畫的題材中，松、竹、梅甚至還並稱歲寒三友，顯見古人對其頗爲偏好。

【仕女圖】

以上層婦女生活爲題材的人物繪畫，就叫做仕女圖，多以工筆重彩爲主要表現形式，據說最早始於戰國。從仕女圖中可以看到不同時代審美觀的變化，譬如唐與清這兩個仕女圖最繁茂的朝代，對美女的標準就不同：唐代女子豐腴雍容、華麗典雅，如周昉的《簪花仕女圖》中所呈現；清代則爲清瘦俊美的病態美人，而這個原則仍沿用至今。另外北宋王居正的《紡車圖》與東晉顧愷之的《女史箴圖》亦是著名的仕女圖畫代表作。仕女圖工筆重細節之畫法恰巧相對於潑墨山水講究寫意神似之畫風，兩者皆是中國古代具代表性之繪畫技巧。

平兒

2007

## 無雙

苔蘚綠了木屋　路深處　翠落的孟宗竹
亂石堆上有霧　這種隱居叫做江湖
箭矢漫天飛舞　竟然在城牆上遮蔽了日出　是誰　在哭
衝　你懂　你懂　你匆匆
有多少的　蠻力就拉　多少的弓
聽我說武功　無法高過寺院的鐘
禪定的風　靜如水的松
我命格無雙　一統江山　狂勝之中　我卻黯然語帶悲傷
我一路安營紮下篷　青鋼刀鋒　不輕易用　蒼生為重
我命格無雙　一統江山　城破之後　我卻微笑絕不戀戰
我等待異族望天空　歃血為盟　我等效忠　浴火為龍
殘缺的老茶壺　幾里外　馬蹄上的塵土

---

【禪定】

《六祖壇經．坐禪品》寫道：「何名禪定，外離相為禪，內不亂為定。」換句話說，也就是平靜混亂紛雜的思緒，專注於一境，然後在定中產生印證萬物實相的無上智慧，就是禪定。另外，《心經》曰：「行深般若波羅蜜多時，照見五蘊皆空，度一切苦厄。」這裡的「行深」也是禪定。一旦五蘊皆空，就進入無我的狀態，解脫眼耳鼻舌身意等六根帶來的煩惱與痛苦。禪定以現今語彙而言即為「打坐」，步驟依其要求而繁簡不一，一般而言為先調整坐姿與呼吸，接下來則為冥想與觀照。

升狼煙的城池　這種世道叫做亂世
那歷史已模糊　刀上的鏽卻出土的很清楚　是我　在哭

序　你去　你去　你繼續
我敲木魚　開始冥想　這場戰役
我攻城掠地　想冷血你需要勇氣
揮劍離去　我削鐵如泥

你去　你再去　繼續不敵我　致命的一擊
遠方的橫笛　吹奏你戰敗的消息
保持著殺氣　想贏的情緒
我君臨天下的駕馭

我命格無雙　一統江山　狂勝之中　我卻黯然語帶悲傷
我一路安營紮下篷　青銅刀鋒　不輕易用　蒼生為重
我命格無雙　一統江山　城破之後　我卻微笑絕不戀戰
我等待異族望天空　歃血為盟　我等效忠　浴火為龍

---

【命格無雙】

何為「命格無雙」？簡單的說就是沒有人的命運是一模一樣的。「無雙」即沒有成對，是唯一的。舉世無雙，即世上沒有人能與他匹配成雙。至於「命格」是什麼？命格為中國傳統命理之專有名詞，命格之命數由本命、大限，流年、流月、流日、流時等組成，是一種對命運的演算分析法，主要為分析八字。八字是根據一個人出生的年、月、日、時而定，每一時間稱一柱，合為四柱，每一柱各有天干、地支（如甲子年所生，天干為「甲」，地支為「子」）二個字，如此合計共四柱八個字，即所謂的生辰八字。一個人出生的八字是先天的，但命格因為是由人去解釋，因此一樣的八字交給不同的命理學家去演算，有時會出現不同的命格排列，即不同的命運。

【木魚】

木魚是佛門中用來集眾及修行時的法器，歷史記載最早見於唐代懷海禪師所撰《敕修清規》：「木魚，相傳云，魚晝夜常醒，刻木像形擊之，所以警昏惰也。」由於魚晝夜不闔眼，於是被拿來象徵修行人爲法忘軀、精進不懈的精神。木魚聲有攝心的效果，所以誦經前會先敲兩聲，讓心即刻安定下來；而於頌經中敲木魚，可以讓人時時保持正念不妄想；規律的木魚聲還能讓誦經富有律動。木魚、袈裟與唸珠，以及戒疤、素食等，早已成爲普羅大眾對佛教傳統象徵物的認知之一。

【橫笛】

橫笛相傳是漢武帝時張騫出使西域後輸入長安的，又稱爲「橫吹」。橫笛的聲音清遠悠揚，能發人之幽情，表現力豐富。清代第一詞人納蘭性德的《浣溪沙》中，就以笛聲抒發自己的感觸：「殘雪凝輝冷畫屏，落梅橫笛已三更，更無人處月朧明。我是人間惆悵客，知君何事淚縱橫，斷腸聲裡憶平生。」而宋人辛棄疾於中秋賞月時，因怕浮雲蔽月，於是趕緊拿出橫笛，將雲給吹裂開，很有意思。詞是這樣寫的：「快上西樓，怕天放、浮雲遮月。但喚取、玉纖橫笛，一聲吹裂。」取自《滿江紅・中秋寄遠》。橫笛初期雖爲西域傳入中土，但時至今日早已被視同爲中國固有之傳統樂器之一。

張騫
騫漢中人建元中爲郎應募
使大宛尋河源乘槎至一處遇
織女以石支機見騫取石與之

俞偉知劍南除奸黠邪爲政以仁郡人生子多者
不舉作戒殺子文召父老與之親酌醪醴使歸以

2007

## 女兒紅

老家的爺爺　清晨鬥畫眉　女兒紅釀給姐
出嫁的酒香　跟他很對味　有微醺的感覺

記憶在搖晃誰　微笑淺淺的一枚
在等愛的季節　我右肩微微向你傾斜
眼神嫵媚勾了誰　蘋果光的妝帶無邪
有些事不裝乖妥協　譬如愛　要新鮮的給
年輕不能像白開水　要當有著個人味道的咖啡
攪拌所有的體會　調配出屬於我的世界　這才對

長的不是瓜子臉　個性不溫柔婉約　我卻偏偏愛繡花鞋
天生不是丹鳳眼　模樣也不古典美　我卻偏偏愛繡花鞋

喜歡就要乾脆　花開就一次機會
遇上了就別退　順著感覺慢慢走就對

【繡花鞋】

相傳春秋戰國時晉獻公一舉併吞十多個小國，爲了紀念戰功，便下令宮中所有女子必須在鞋面繡上石榴花、桃花等十種花果圖樣，稱爲「十果鞋」，而且出嫁時需以此鞋作爲禮鞋。當時的繡花女鞋又叫「晉國鞋」，是今日繡花鞋的前身。繡花鞋的刺繡可以反應各個朝代的審美觀、文化傳統、倫理道德等，主題則取材自生活與民俗，有花鳥草蟲、山川景致等美麗圖案，也有象徵吉祥的蓮生貴子、龍飛鳳舞等喜氣花樣。繡花鞋之構造近似近代平底、無鞋帶之包頭布鞋。

我畫眉不爲了誰　挑染頭髮讓自己美
你跟我的外型很配　頻率對　一切好解決
嘗過愛的人想續杯　我在渴望杯沿換成你的嘴
放大了你的體貼　享受著戀愛所有細節　去了解

長的不是瓜子臉　個性不溫柔婉約　我卻偏偏愛繡花鞋
天生不是丹鳳眼　模樣也不古典美　我卻偏偏愛繡花鞋
長的不是瓜子臉　個性不溫柔婉約　我卻偏偏愛繡花鞋
天生不是丹鳳眼　模樣也不古典美　我卻偏偏愛繡花鞋

老家的爺爺　清晨鬥畫眉　女兒紅釀給姐
出嫁的酒香　跟他很對味　有微醺的感覺

---

【女兒紅】

是一種著名的紹興酒「女兒酒」，又名「花雕」。晉代上虞人稽含《南方草木狀》中記載：「女兒酒爲舊時富家生女、嫁女必備之物。」相傳有名裁縫師因妻懷孕而開心造酒埋之地下，卻得女，憤而將酒棄之不理，直到女兒大喜之日才掘酒請宴，意外香甜好喝。由於酒味濃郁芬芳，從此只要有人家生了女兒，就學裁縫埋酒、掘酒，漸漸形成風俗。生兒子也有類似的酒，叫做「狀元紅」，是希望兒子長大能中狀元。

【瓜子臉】

叫得出名號的中國古代美女幾乎都具有上部略圓、下部略尖、形如瓜子的瓜子臉。在中國古代畫論中有「三庭五眼」的說法，指的是臉部縱向與橫向的比例標準，凡是依此比例畫出的人物臉型總是和諧優美的。理想瓜子臉的長與寬比例爲34：21，正好符合西方的黃金分割律，非但給人愉悅、細緻的印象，也是公認最美的臉型。也難怪瓜子臉不管在東方或西方都是美女的代表。瓜子臉與丹鳳眼一樣都是古代中國仕女圖上常見的臉部五官特徵。

2008

## 周大俠

我一腳踢飛一串串紅紅的葫蘆冰糖
我一拳打飛一幕幕的回憶散在月光
一截老老的老薑　一段舊舊的舊時光
我可以給你們一張簽名照拿去想像
我說啊　屏風就該遮冰霜　屋簷就該擋月光
江湖就該開扇窗　平劇就該耍花槍
扎下馬步我不搖晃　悶了慌了倦了我就穿上功夫裝

我不賣豆腐（豆腐）　豆腐（豆腐）
我在武功學校裡學的那叫功夫　功夫（功夫）　功夫（功夫）
趕緊穿上旗袍　免得你說我吃你豆腐

你就像豆腐（豆腐）　豆腐（豆腐）
吹彈可破的肌膚在試練我功夫　功夫（功夫）　功夫（功夫）
趕緊穿上旗袍　免得你說我吃你豆腐

---

【豆腐】

豆腐據說是西漢淮南王劉安爲了生病的母親所研發的。本身也是煉丹師的劉安在豆乳中加入石膏或鹽類後發現豆乳竟能凝固，而且烹調後味道鮮美，從此以後豆腐就在民間流傳開來。南宋朱熹便說：「種豆豆苗稀，力竭心已腐。早知淮王術，安坐獲泉布。」明代醫藥學家李時珍在《本草綱目．穀部．豆腐》也記載：「豆腐之法，始于漢淮南王劉安。」安徽淮南更有中國豆腐之鄉的美名。豆腐跟皮蛋一樣都是古代中國自行研創發明的傳統飲食。另外，因豆腐既白且嫩如同年輕女子的皮膚觸感一樣，故占女生便宜之調戲舉止亦被稱爲吃人豆腐。

我稍微伸展拳腳　你就滾到邊疆
迴旋踢太用力　畫面就變的很荒涼
落花配對配夕陽　翻山越嶺渡過江
我清一清嗓　清一清嗓　唱起秦腔
飛天飛敦煌　北方北大荒　誰在水一方我撐起一把紙傘回頭望
啊這什麼地方　這什麼狀況　啦啦啦啦
悶了慌了倦了我就踩在你肩膀

我不賣豆腐（豆腐）　豆腐（豆腐）
我在武功學校裡學的那叫功夫　功夫（功夫）　功夫（功夫）
趕緊穿上旗袍　免得你說我吃你豆腐

你就像豆腐（豆腐）　豆腐（豆腐）
吹彈可破的肌膚在試練我功夫　功夫（功夫）　功夫（功夫）
趕緊穿上旗袍　免得你說我吃你豆腐

【平劇】

原稱「京劇」、「京戲」，因清末盛行於北京而得名；民國後改北京爲北平，才稱爲「平劇」。平劇有近兩百年歷史，是中國最大戲曲劇種。但平劇不是北平土生劇種，而是把流行於江西及安徽的「二黃腔」，結合北方的「西皮腔」綜合而成的獨立戲曲。表演上有唱、做、唸、打，同時融入武術技巧；內容則以歷史故事爲主；京劇裡的角色依所扮演的人物不同又可區分爲：生、旦、淨、丑等四種。每種角色有其固定化妝法，即所謂京劇臉譜。近代著名四大名旦爲梅蘭芳、程硯秋、尚小雲、荀慧生等人。

【功夫】

「中國功夫」是近代才開始通行的名詞，古代稱之爲武術、武藝、武功等。民國初期簡稱爲國術，如同京劇稱之爲國劇，普通話稱爲國語一樣，強調其尊崇地位。那麼「功夫」之稱謂到底始於何人何地呢？功夫此一名詞源於兩廣地區，因兩廣地區之地方粵語將武術稱爲功夫，如同台灣習於將武術教練稱爲拳頭師一樣。那麼是由何人將功夫此一稱謂發揚光大呢？答案是李小龍！李小龍爲廣東人，自幼習武，爲華人社會頗具傳奇色彩的武術家，更是截拳道的創始人。他自1971年起開拍的功夫（武術）電影如《唐山大兄》、《精武門》、《猛龍過江》、《龍爭虎鬥，》以及《死亡遊戲》等均大爲賣座，也因此順勢將功夫此一詞彙深入其他地區的華人社會。現「功夫」此一稱謂在國外已完全取代武術、武藝、武功等名詞，如功夫之英文「kung fu」專指中國功夫，而武術之英文「martial art」則泛指源於東方的搏鬥技巧，如空手道、柔道等。此外，美國1972年時曾播映了一部電視影集，名爲《功夫》。但華人社會正式之相關組織團體大部分則仍延用武術與國術等稱號。

【旗袍】

廣義來講，旗袍指的是滿清八旗編制中的滿人服裝，並不分男女。滿人爲適應游牧狩獵生活，服裝多爲兩邊開叉的長袍。不過今日所說的旗袍，則是從滿人婦女日常長袍演變而來的。清代後期，滿女服裝多仿效漢人女子，於是「大半旗裝改漢裝，宮袍截作短衣裳」。民國初年，受西化影響，加上女權抬頭，旗袍越來越短。而如今經過改良過的旗袍已經成爲國際場合的代表性禮服。近年來，中國內地有人開始大力推動漢服復興運動，其主要論點爲滿文化不等於漢文化，不論是女子的旗袍或男子的長袍馬褂其實都是滿洲人（旗人）傳統服飾之變革，不應代表中華。因此，某些民族（漢民族）意識強烈的人，據此論點，極力復甦漢民族的傳統服飾來做爲眞正的中國國服之代表。

【秦腔】

秦腔源於古代陝西、甘肅等關中地區的民間歌舞，關中地區被稱爲「秦」，且秦腔又形成於秦朝，因而得名，是相當古老的劇種，說是中國戲曲的鼻祖也不爲過。秦腔的擊拍樂器是棗木梆子，所以又稱「梆子腔」，而擊拍時梆子會發出「恍恍」的聲音，因此也有「恍恍子」之稱。此外，「亂彈」亦是其別名。秦腔劇碼大多是「列國」、「三國」、「楊家將」等英雄傳奇，也有神話、民間故事等。秦腔爲中華傳統戲劇之一，其他較爲人所知的傳統戲劇還有相聲、黃梅調、廣東大戲、京劇、歌仔戲、布袋戲、川劇，以及昆曲等。

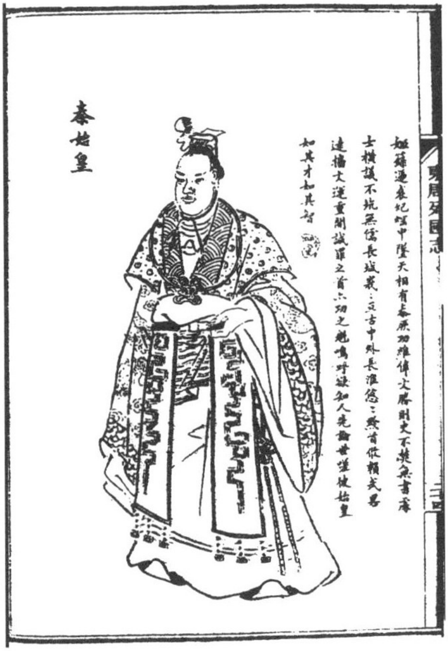
東周列國志
秦始皇
姬籙遞衰紀綱中墜天相有秦厥功雖偉文勝則史不焚奚書處
士橫議不坑奚儒長城巍巍亙古中外長淮悠悠黔首依賴武略
遠播文運重開誠罪之首亦功之魁嗚呼欲知人先論世望彼始皇
如其才如其智

皇貞紹五更拜斗時吳鎮金陵屢建奇功撫輯流亡江南民賴以安殄兵
諸郡望風以降封江饒二王鑾夂震懼靈蹟顯異感天帝頒詔封真人相繼
闢地祠宇以安神勅奉祀焉
爲善陰騭

# 貳・歌詞裡的修辭學

## 【從歌詞文字中印證修辭法】

一、感嘆：文句的內容除了陳述出某種語意，語氣上亦明顯表現出內心的喜怒哀樂愛惡欲等強烈情緒，強調讚嘆、驚訝、傷感、憤怒、譏嘲、鄙斥、恐懼或希望等等各種情感反應，這種修辭法就叫做感嘆。一般常借用嘆詞、助詞，並搭配驚嘆號，來表現強烈的情感。例如：在《刀馬旦》中的詞「**一碗熱湯，啊，溫暖了我一個晚上。**」故事中人隻身在北大荒中，身寒心更冷，然而一碗熱湯，不僅袪除生理寒冷，更溫暖了孤獨的心，因而讓他發出滿足之讚嘆。「**啊！輪迴的記憶在風化，我將它牢牢記下。**」出現在《千年之戀》中的這句詞則又是另一種情境的感嘆，說明愛情難以得到的思念。另外，有時也只用驚嘆號來表現感嘆的效果，有時亦可用倒裝或疊句的手法呈現。例如《論語．先進第十一》：「顏淵死，子曰：『噫！天喪予！天喪予！』」

二、譬喻：簡而言之，就是「借彼喻此」，是運用想像力和聯想力，以具體而熟悉之物象事例，比方說明或形容描寫抽象的談話主題。譬喻一般由「喻體」、「喻詞」和「喻依」搭配組成。「喻體」即所要記敘、說明的主體；「喻依」是與喻體具有共同類似特點另一事物，被用來說明、形容喻體；「喻詞」則是「如，像，好比，似，猶如」之類的連接語詞。以《棋王》「**世事猶如棋盤**」爲例，「世事」爲「喻體」；「猶如」爲「喻詞」；「棋盤」爲「喻依」。同樣的，《爺爺泡的茶》中「**陸羽泡的茶，像幅潑墨山水畫。**」之「喻體、喻詞、喻依」分別是「陸羽泡的茶、像、潑墨山水畫」。陸羽爲中國的茶神，他探訪各處，深入研究茶葉各個層面，從茶的起源、擇選、沖泡，到茶具的應用等等，鉅細靡遺，博大精深，將茶的精神發揮到極致。由如此大家所泡出來的茶，宛若中國潑墨山水畫，顏色雖單一，卻擁有細緻的風味與豐富的層次。

三、類疊：即反覆使用同一個字詞或語句的修辭法。而「類」與「疊」還有使用上的差異：「類」表示字詞（類字）或句子（類句）非連續出現，而是間隔重複使用；「疊」不管是字詞還是句子都接連重複使用，又叫「疊字」與「疊句」。類疊修辭有意識的重複使用同一語詞或語句，除了語調複沓的和諧效果外，也是藉此突出某種意念，強調某種感情。例如《小小》：「**小小的感動雨紛紛，小小彆扭惹人疼，小小的人，還不會吻。**」中的「小小」兼用了「疊字」和「類字」，語意上強調童年的天眞與童稚，加強了青梅竹馬這個意念；《嘻遊記》：「**佛總是曰不可說，弟子別問爲什麼；佛總是曰不可說，凡人只要照著做。**」則是「類句」，也就是「佛總是曰不可說」這句話間隔出現，強調佛意深邃，多問不如多行多思。《敦煌》：「塵世之中，多少夢，多少愛情被人傳頌。」也是一樣的道理。而《胡同裡有隻貓》：「他這邊兒搞搞，那兒瞧瞧。」「搞搞」與「瞧瞧」爲疊字用法，《娘子》：「近鄉情怯的我，相思寄紅豆，相思寄紅豆。」則爲疊句，重複說了兩次「相思寄紅豆」，更強化了即將回鄉時既期待又恐懼的心情。

四、轉化：也稱爲「比擬」，是在描寫內文時，「轉」變被描寫對象原來的性質，「化」成另一本質截然不同的物類，來加以形容敘述的修辭法。可以擬物爲人（擬人法）、擬人爲物（擬物法），或是以物擬物，化抽象爲具體（形象法）。在歌詞《東風破》中使用了很多轉化的手法，例如：「**一壺漂泊，浪跡天涯難入喉，妳走之後，酒暖回憶思念瘦。**」「**一盞離愁，孤單佇立在窗口，夜半清醒的燭火，不忍苛責我。**」在這兩句中，「漂泊」、「浪跡天涯」、「思念」、「離愁」、「孤單」等等的抽象名詞，被轉化成幾乎可以觸摸得到的實體，加重了它們所代表的意境重量。想想，一盞離愁之燈在深夜孤單佇立在窗口，除了孤單，還有蒼涼爲伴。而描述李時珍那本中國藥典珍本《本草綱目》的同名歌詞中，也可見轉化的構思手法：「**山藥，當歸，枸杞，**GO。**看我抓一把中藥，服下一帖驕傲。**」彷彿只要服用傳統草藥，就能讓你補充驕傲，治崇洋媚外的毛病。

五、排比：用兩個以上句法結構相同或相似的句子，來表達性質相同的意念，其字數不一定要相同，使句子富有意樂之美，並增加了表達的強度。例如《女兒紅》：「長的不是瓜子臉，個性不溫柔婉約，我卻偏偏愛繡花鞋；天生不是丹鳳眼，模樣也不古典美，我卻偏偏愛繡花鞋。」將相似意義的句子排列一起，更能生動傳達出「雖然不是古典美人胚子，卻更有自己的個性主張」的概念，彷佛一女子就站在眼前大聲說：「這就是我，怎樣！」

六、誇飾：語句中特別誇張鋪陳，明顯超過客觀事實，以予人深刻印象。《周大俠》：「我稍微伸展拳腳，你就滾到邊疆。」如此瀟灑，不可一世。《敦煌》：「遺憾，已收藏，我的淚，千行。」悔恨多令人肝腸寸斷啊。《龍拳》：「我把天地拆封，將長江水掏空　我右拳打開了天化身爲龍，把山河重新移動填平裂縫。」天地由我創造，多麼豪氣萬丈！《千年之戀》：「溫熱前世的牽掛，而我在調整千年的時差。」因思念而來的牽掛，糾纏千

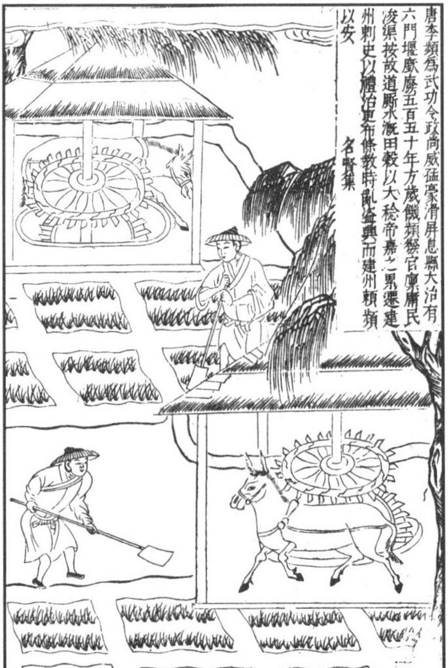

秋萬世，完完全全呼應了歌詞名稱。《爺爺泡的茶》：「**唐朝千年的風沙，現在還在颳。**」則形容唐朝人陸羽創作的《茶經》深深影響中華文化，至今不墜。喝茶如今仍是我們生活中重要的部分，可以說沒有了茶，中華文化就像沒有加鹽的料理，一點味道都沒有。

七、轉品：在構句時，改變詞彙原來習用的詞性，譬如將形容詞或名詞轉成動詞來使用。例如《娘子》歌詞「**家鄉的爹娘早已蒼老了輪廓**」，以及《髮如雪》中「**我等待蒼老了誰**」都出現的「蒼老」一詞，就是從形容詞轉成了動詞，意思是「使輪廓、使誰變得蒼老」。這種用法，不僅賦予既有的詞彙新穎的用法，也使句子的陳述顯得簡潔扼要，卻又含藏豐富的語言意蘊，更讓人感受時間無情催人老的壓力與無奈。同樣出現在《髮如雪》「**妳髮如雪，淒美了離別**」中的「淒美」也是形容詞轉動詞，意思是使離別蘊涵一種淒美的感傷。以「淒美了離別」取代「讓離別更顯淒美」，更具動感，而且越顯露哀戚詩意。

八、倒裝：特意顛倒文法上順序的句子，如《青花瓷》：「**如傳世的青花瓷自顧自美麗，妳眼帶笑意**」正確的文法順序應為「妳眼帶笑意，如傳世的青花瓷自顧自美麗。」此外，這句話也使用了譬喻法；或如《龍拳》：「**渴望著血脈相通，無限個千萬弟兄。**」一般說法應該是「無

振貸貧民

限個千萬弟兄，渴望著血脈相通」。倒裝通常是用來加強語勢、調和音節，讓句法更有變化，增添文章韻味。所以在這裡使用倒裝法似乎更可以感受到《青花瓷》中女子更為鮮明的嫣然一笑，以及《龍拳》裡那股團結相連的強烈渴望。

九、摹寫：把感官對事物的知覺，用文字加以描述形容，記錄的對象包括視覺、聽覺、嗅覺、味覺和觸覺等等的感受。譬如《亂舞春秋》：「ㄎㄧㄥ ㄎㄧㄥ ㄎㄧㄤ ㄎㄧㄤ，刀劍棍棒。」以「ㄎㄧㄥ ㄎㄧㄥ ㄎㄧㄤ ㄎㄧㄤ」刀劍棍棒交觸碰撞聲，來形容三國時期兵戎相見，戰況激烈，就是一種聽覺摹寫。《雙刀》歌詞「正上方的月亮，那顏色中國黃。」則是視覺摹寫，而《上海一九四三》中：「黃金葛爬滿了雕花的門窗，夕陽斜斜印在斑駁的磚牆。」也屬此類，夕陽的昏黃爬在斑駁的磚牆上，更添蒼涼。《牡丹江》歌詞中也大量運用了摹寫的表現手法。

十、引用：說話時，援用現成的語句，即爲引用。引用可分爲明引與暗引，兩者不同之處在於，明引以括號直接標出引文，而暗引只引用原文大意，不加括號特別標示原文。引用法的功用在於透過一般人對權威作品的尊重，進而強化自己文章的說服力，使其更加擲地有聲。《雙截棍》中提到：「**習武之人切記，仁者無敵。**」「仁者無敵」一詞便是引用自《孟子・梁惠王上》：「仁者無敵，王請勿疑！」《雙刀》歌詞「**以牙還牙的手段**」中的「以牙還牙」出自《舊約聖經》，在〈出埃及記・**21:24**〉：「以眼還眼，以牙還牙，以手還手，以腳還腳。」與〈利未記・**24:20**〉：「以骨還骨；以眼還眼；以牙還牙。他怎樣傷害別人，要照樣被傷害。」中都提這詞。《祥龍十八掌》出現的「**亢龍有悔、潛龍勿用、見龍在田、飛龍在天、時乘六龍**」則語出《周易》。

十一、析字：將文字的形體、聲音、意義加以分析，打破固定的語意，產生翻新的效果，就叫做析字。在《菊花台》中有個恰當的例子可以說明此修辭法的運用：「**愁，莫渡江，秋心拆兩半。**」歌詞後半句「秋心拆兩半」指的就是前面的「愁」字，這裡將文字的形體玩了個變化，更加深了歌詞的含意。就歌詞意境來看，因爲愁是秋跟心兩個字的結合，隱喻如果被硬生生地拆散，可能再也回不去當初所想像的浪漫了。

十二、映襯：在語文中，把兩種不同，特別是相反的觀念或事實，對列比較，以期增強語氣，使意義更明顯。此外，對比越強烈，印象就越深刻。《花蝶戀》：「**妳細膩觸摸有他的一切，我在妳的周圍妳沒感覺。**」在這裡對列的是一方「擁有一切」而另一方「什麼都沒有」的概念。《祥龍十八掌》：「**把懦弱練成了爐火。**」以「懦弱」對應「爐火」，讓「弱者」鍛練成「強者」。

十三、設問：使用設問法，目的在於吸引讀者的興趣，讓平鋪直敘的語氣有所變化。《東風破》：「**誰在用琵琶彈奏，一曲東風破？**」這句話如果改成「有人用琵琶彈奏一曲東風破」，感覺就遜色很多。用設問法，多了點懸疑性，讓文意的層次更加豐富。《千里之外》：「**夢醒來，是誰在窗台，把結局打開？**」《千年之戀》：「**你還愛我嗎？我等你一句話。**」也都具有同樣效果。

十四、示現：簡單說，就是利用想像力，將過去、未來或想像中不見不聞的場景具體呈現出來，更增行文的畫面感。如《亂舞春秋》：「妖獸擾亂人間秩序，血腥如浪潮般來擊，人魔開始重出地獄，叛軍如野火般攻擊。」這詞中妖孽橫行的血腥畫面，讀者可藉文字的描繪，在腦海中逼眞浮現。或者《祭魂酒》：「烽火人間，戰鼓連天。遠方飛燕，帶來的是，狼煙。」則是描述兵戈擾攘。而《黃金甲》：「旌旗如虹，山堆疊如峰。這軍隊蜿蜒如龍，殺氣如風，血色如酒紅。將軍我傲氣如衝，神色悍如凶。黃金甲如忠，鐵騎剽悍我行如轟。」氣壯如山的剽悍透過文字的傳遞似乎也直逼眼前。

十五、頂眞：所謂頂眞，就是以上一句的結尾詞，作爲下一句的起始詞。如《黃金甲》：「情感漂泊漂泊，漂泊一世如我。千軍萬馬萬馬，萬馬奔騰那骨肉相殘如錯。」透過頂眞法，文句

更顯緊湊，顯出前後銜接的趣味。就拿本例來說，連續使用三個「萬馬」，彷如眞有千軍萬馬排山倒海而來，勢頭銳不可擋。

十六、對偶：語文中上下兩句字數相等、句法相似、詞性相同，有時還講究平仄相對的語句，稱爲對偶。使用對偶法，能使文章形式工整，念起來悅耳順口。在《雙截棍》：「**耳濡、目染**」與《祭魂酒》：「**斷壁、殘垣**」的對偶，屬於句中對，也就是句子中前後兩個詞自爲對偶；《祥龍十八掌》「**打倒煩惱，攻下憂愁。**」則屬於單句對，也就是一文句中，上下兩句字數相等、詞性相同。

# 【三首詞之文字修辭法】

## 一、《東風破》文字修辭法

一盞離愁　孤單佇立在窗口（轉化）
我在門後　假裝妳人還沒走
舊地如重遊　月圓更寂寞
夜半清醒的燭火　不忍苛責我（轉化）

一壺漂泊　浪跡天涯難入喉（轉化）
妳走之後　酒暖回憶思念瘦（轉化）
水向東流　時間怎麼偷
花開就一次成熟　我卻錯過

誰在用琵琶彈奏　一曲東風破（設問）
歲月在牆上剝落（轉化）　看見小時候
猶記得那年我們都還很年幼
而如今琴聲幽幽（類疊：疊字）　我的等候　妳沒聽過
誰在用琵琶彈奏　一曲東風破（類疊：與前一小節首行形成類句關係）
楓葉將故事染色（轉化）　結局我看透
籬笆外的古道我牽著妳走過
荒煙蔓草的年頭　就連分手都很沉默

## 二、《髮如雪》文字修辭法

狼牙月（視覺摹寫） 伊人憔悴
我舉杯 飲盡了風雪（轉化；誇飾）
是誰打翻前世櫃 惹塵埃是非（前後兩句為設問）

緣字訣 幾番輪迴
妳鎖眉 哭紅顏喚不回（視覺摹寫）
縱然青史已經成灰 我愛不滅（誇飾）

繁華如三千東流水（譬喻，暗引，誇飾）
我只取一瓢愛了解（轉化） 只戀妳化身的蝶（暗喻）
妳髮如雪（譬喻） 淒美（轉品）了離別
我焚香感動了誰（設問）

邀明月　讓回憶皎潔（轉品：形容詞做動詞）
愛在月光下完美（轉品：形容詞做名詞）
妳髮如雪（譬喻）　紛飛了眼淚（視覺摹寫）
我等待蒼老（轉品）了誰
紅塵醉　微醺的歲月（轉化）
我用無悔　刻永世愛妳的碑（轉化）

啦兒啦　啦兒啦　啦兒啦兒啦
啦兒啦　啦兒啦　啦兒啦兒啦
銅鏡映無邪（轉化）　紮馬尾
妳若撒野　今生我把酒奉陪

## 三、《菊花台》文字修辭法

妳 的淚光 柔弱中帶傷（轉化）
慘白的月彎彎（類疊） 勾住過往（轉化）
夜 太漫長 凝結成了霜（轉化）
是誰在閣樓上 冰冷的絕望（設問）

雨 輕輕彈 朱紅色的窗（視覺摹寫，亦可觸發聽覺的想像，故可兼含聽覺摹寫）
我一生在紙上 被風吹亂（誇飾）
夢 在遠方 化成一縷香（轉化）
隨風飄散 妳的模樣（轉化）

菊花殘 滿地傷（誇飾、映襯） 妳的笑容已泛黃（轉化）
花落人斷腸（誇飾、映襯） 我心事靜靜躺（轉化）
北風亂 夜未央 妳的影子剪不斷（轉化）
徒留我孤單在湖面 成雙（暗引）

花　已向晚（轉品：名詞做動詞）　飄落了燦爛（轉化）
凋謝的世道上（轉化）　命運不堪
愁　莫渡江　秋心拆兩半（轉化，析字）
怕妳上不了岸　一輩子搖晃

誰　的江山　馬蹄聲狂亂（設問）
我一身的戎裝　呼嘯滄桑（轉品）
天　微微亮　妳輕聲的嘆
一夜惆悵　如此委婉

菊花殘　滿地傷　妳的笑容已泛黃
花落人斷腸　我心事靜靜躺
北風亂　夜未央　妳的影子剪不斷
徒留我孤單在湖面　成雙

礦
鉚
苗
礁

井口鉄
礦石
苗

## 【解讀《青花瓷》文字修辭】

素胚勾勒出青花筆鋒濃轉淡
瓶身描繪的牡丹一如妳初妝（譬喻）
冉冉檀香透過窗心事我了然（轉化）
宣紙上　走筆至此擱一半

釉色渲染仕女圖韻味被私藏（轉化）
而妳嫣然的一笑如含苞待放（譬喻）
妳的美一縷（轉品）飄散　去到我去不了的地方（轉化）

天青色等煙雨　而我在等妳
炊煙裊裊昇起　隔江千萬里（誇飾）
在瓶底書漢隸仿前朝的飄逸（轉化）
就當我　爲遇見妳伏筆（轉品）

天青色等煙雨　而我在等妳（類疊）
月色被打撈起　暈開了結局（轉化）
如傳世的青花瓷自顧自美麗
妳眼帶笑意（上下兩行形成倒裝、譬喻的修辭關係）

色白花青的錦鯉躍然於碗底（摹寫）
臨摹宋體落款時卻惦記著妳
妳隱藏在窯燒裡千年（誇飾）的秘密
極細膩　猶如繡花針落地（譬喻）

簾外芭蕉惹驟雨門環惹銅綠（轉化，摹寫）
而我路過那江南小鎮惹了妳（上下兩行三個句子運用了排比、類疊修辭）
在潑墨山水畫裡　妳從墨色深處被隱去（轉化）

# 《青花瓷修辭解釋》

譬喻：以「**妳隱藏在窯燒裡千年的秘密，極細膩，猶如繡花針落地**」爲例，「妳隱藏在窯燒裡千年的秘密，極細膩」爲「喻體」；「猶如」爲「喻詞」；「繡花針落地」爲「喻依」。若從譬喻「運用想像力，以具體而熟悉之物說明或形容抽象之物」這個原則來看，想像力將「細膩的秘密」與「繡花針落地」巧妙串聯在一起，呈現出彼此微妙的關係：那段「隱藏在窯燒裡千年的秘密」是如此細膩，因而被小心呵護著，唯恐一碰就破，就像繡花針落到地上，是那麼輕盈細微，卻又帶點小小的危險。而「**瓶身描繪的牡丹一如妳初妝**」、「**妳嫣然的一笑如含苞待放、如傳世的青花瓷自顧自美麗，妳眼帶笑意**」等句也都是譬喻法的完全體現。

類疊：類疊不僅能使語調和諧，還可強化詞句所透露出的意思。「**簾外芭蕉惹驟雨門環惹銅綠，而我路過那江南小鎮惹了妳**」兩句中連三個「惹」字就屬此用法。有主動招惹之意的「惹」，讓「芭蕉」與「門環」兩種原本屬於被動意象之物彷彿有了生氣，芭蕉不再只是認命般讓驟雨淋洩其身，而門環也不再被動等待銅綠染身。然後再對照下一句「**而我**

路過那江南小鎮惹了妳」，整個畫面更是活了起來。第三段與第四段開頭的「天青色等煙雨，而我在等妳」屬於類句。

轉化：在《青花瓷》歌詞中使用最多的修辭學就是轉化，例如「冉冉檀香透過窗心事我了然」、「釉色渲染仕女圖韻味被私藏」、「在瓶底書漢隸仿前朝的飄逸」、「月色被打撈起，暈開了結局」、「在潑墨山水畫裡，妳從墨色深處被隱去」、「簾外芭蕉惹驟雨門環惹銅綠」等句。而「妳的美一縷飄散，去到我去不了的地方」也屬於轉化，在這句詞中「美麗」被擬物化，成了能飄蕩在空中的一縷霧嵐，前往到一處故事主角無法到達的地方。美麗，已不復見。人與物之間的界限在此模糊曖昧，詞意卻也變得深刻而繁複。

排比：「簾外芭蕉惹驟雨門環惹銅綠，而我路過那江南小鎮惹了妳」就是用兩個以上結構相似的句法來表達性質相同的意念，顯現出句子的節奏感與律動，增強詞意的感染力，強化了「惹」的意象。

誇飾：「炊煙裊裊昇起，隔江千萬里」誇張了隔江對望炊煙的距離，對應上一句「天青色等煙雨，而我在等你」所指涉的等待，彷彿等待是如此無窮無盡，而且隔了千萬里，顯得遙不可及；另一句「妳隱藏在窯燒裡千年的秘密」中的秘密被保守了千年從未讓人知道，象徵守密者的細膩與堅毅，能讓秘密在窯中歷經千年鍛燒也不洩漏一字一句。

轉品：簡言之，就是轉化某一個詞原來的詞性。例如「在瓶底書漢隸仿前朝的飄逸，就當我爲遇見妳伏筆」中的「伏筆」原爲名詞，在這裡做動詞用。由於這樣的轉化，句子頓時有了動態感，進而深刻表達出前一句中的「書寫」動作，以及隱含在書寫動作下的心意；「妳的美一縷飄散」的「一縷」則是數量詞轉化成副詞，整個畫面感都出來了。

倒裝：「如傳世的青花瓷自顧自美麗，妳眼帶笑意」就是個倒裝句，正確的文法順序應爲「妳眼帶笑意，如傳世的青花瓷自顧自美麗」。使用倒裝法，並不太會變動句子倒裝前後的意思，但是意境上就有所不同了。就拿此句爲例好了，未使用倒裝的句子（後者）較平鋪直敘，整體感覺沒有起伏，較爲平板；但倒裝之後，讓人更有想像空間，一位的美麗女子似乎就這麼站在眼前，盈盈笑著。

摹寫：所謂摹寫，指的是在視覺、聽覺、嗅覺、觸覺上能引起感官感受的描寫。譬如「色白花青的錦鯉躍然於碗底」一句就在我們眼前栩栩如生描繪出青花瓷上的錦鯉顏色，尤其在白瓷襯底之下，彷彿即將躍出碗底似的。至於「簾外芭蕉惹驟雨門環惹銅綠」這句詞是不是讓你宛若看見庭院裡被驟雨打彎的芭蕉搖來蕩去，空氣中的溼氣透進了門環，讓它招惹了一身銅綠色，耳邊還傳來淅瀝雨聲呢？

孫行者

# 參・歌詞大會考

## ——國學常識一百題

# 【中國風歌詞大會考題目】

1.《胡同裡有隻貓》歌詞：「胡同裡有隻貓，志氣高，他想到外頭走一遭。」這詞意裡的「貓」指的是？

A/故事主角所養的貓
B/將貓擬人化意指出外遊子
C/住在胡同巷弄裡的野貓
D/形容一個人的個性如同貓一樣柔順

2.《胡同裡有隻貓》歌詞：「胡同裡有隻貓，志氣高，他想到外頭走一遭。」這裡所提及的「胡同」爲一建築形式的稱謂，最早始見於哪個朝代？

A/元朝
B/明代
C/清末民初
D/民國時期

3.在《娘子》歌詞：「娘子她人在江南等我，淚不休，語沉默。」「娘子」一詞，在古代除做「妻子」稱呼外，尙其他用法，下面哪種用法是錯誤的？

A/初為人母的代名詞
B/古代某時期成年女性的統稱
C/古時奴婢對女主人的稱呼
D/清朝以前妻子的泛稱

4.《娘子》歌詞中：「天涯盡頭，滿臉風霜落寞，近鄉情怯的我，相思寄紅豆。」此句中的「相思寄紅豆」一詞源於唐朝詩人王維《相思》「紅豆生南國，春來發幾枝，願君多采擷，此物最相思」之五言絕句。下面關於詩中「紅豆」的描述何者正確？

A/紅豆跟相思豆為同一種植物
B/紅豆為相思樹的果實
C/詩中的紅豆實為孔雀子
D/相思豆一年分春秋二季結果

5.《娘子》歌詞：「一壺好酒，再來一碗熱粥，配上幾斤的牛肉，我說店小二，三兩銀夠不夠。」此處的「三兩銀」即是指「銀兩」，請問「銀兩」從中國哪個朝代起成爲法定通貨的計算單位？

A/宋朝初期
B/明代中後期
C/明末清初
D/唐朝

6.以下何者與《上海一九四三》的歌詞中所描寫的年代明顯不符？

A/二次大戰末
B/民國三十二年
C/軍閥割據時期
D/上海租界期

7.在《上海一九四三》歌詞「泛黃的春聯還殘留在牆上，依稀可見幾個字歲歲平安」中所提到的「春聯」，以下哪項敘述正確？

A/春聯起源於避邪的桃符

B/源於宋代的飛錢

C/春聯在明代開始普及

D/早期春聯均以楷體書寫

8.《上海一九四三》歌詞：「鋪著櫸木板的屋內還瀰漫，姥姥當年釀的豆瓣醬。」這裡面所說的「姥姥」是哪個地方之用語，其意爲何？

A/福建省：阿媽之意

B/上海地區：老婆婆之意

C/廣東人：祖母之意

D/華北與東北一帶：奶奶之意

9.「老街坊，小弄堂，是屬於那年代白牆黑瓦的淡淡的憂傷。」在這《上海一九四三》歌詞中所提及的「弄堂」，相當於以下什麼建築結構？

A/北京的胡同

B/西藏的寺院

C/福建的圓樓

D/陝西的窯洞

10.《上海一九四三》歌詞中提到：「說著一口吳儂軟語的姑娘，緩緩走過外灘。」請問「吳儂軟語」是什麼意思？

A/吳儂人只會甜言蜜語

B/上海姑娘多擁有曼妙的身材

C/形容蘇州話語調之軟嚅輕柔

D/蘇州人説話都很慢吞吞

前偉知劍南除奸黜邪爲政以仁郡人生子多者
不舉作戒殺子文召父老與之親酌醪醴使歸以

11.在《雙截棍》歌詞中除了提到「繫沙袋、馬步、左鈎拳、右鈎拳、迴旋踢、手刀」等練武的基本功之外，又總共提及了幾種的武林門派？

A/二種
B/三種
C/四種
D/四種以上

12.《雙截棍》「習武之人切記，仁者無敵，是誰在練太極，風生水起」中關於「太極」內功的歌詞描述下列何者為錯？

A/呼吸吐納
B/任督二脈
C/飛簷走壁
D/氣沉丹田

13.《雙截棍》歌詞內出現過的武功招式有「鐵沙掌、金鐘罩、鐵布衫、輕功」等，除此之外，另外歌詞中又出現過幾種兵器？

A/三種
B/四種
C/五種
D/五種以上

14.在《雙截棍》的歌詞中提到「漂亮的迴旋踢」，請問「迴旋踢」是屬於哪一種常見的武術招式？

A/跆拳道
B/空手道
C/迷綜拳
D/少林拳

15.「快使用雙截棍，哼，我用手刀防禦，哼，漂亮的迴旋踢。」在《雙截棍》一詞中，「雙截棍」是下面哪一位武術大師的招牌兵器呢？

A/李連杰
B/李小龍
C/成龍
D/張三丰

16.「怎麼場景一下跳西安，我在護城河的堤岸。」《刀馬旦》歌詞中的「西安」，其地理位置相當於古代哪個城市呢？

A/洛陽城
B/咸陽城
C/長安城
D/開封城

17.《刀馬旦》歌詞：「我還在想，到底身在何方，我變模樣，是個華裔姑娘。」詞中所說的「華裔姑娘」指的是具備什麼血統的人？

A/出生或僑居海外的華人
B/少數民族的代名詞
C/父系或母系有一方非華人
D/專指移居海外的華人第二代

18.「耍花槍，比誰都漂亮，接著唱一段，虞姬和霸王。」在《刀馬旦》歌詞中所說的「虞姬和霸王」爲相當知名的國劇戲碼「霸王別姬」中的角色，請問這是描述發生在漢初時誰與誰的故事呢？

A/劉邦與呂后
B/楚霸王與呂后
C/漢王與虞姬
D/項羽與虞姬

19.《刀馬旦》歌詞「耍花槍，比誰都漂亮，刀馬旦身段，演出風靡全場。」此「刀馬旦」是京劇生旦淨丑中的角色，那麼下列對「刀馬旦」的描述何者有誤？

A/刀馬旦的「旦」指的是京劇中女性的角色
B/刀馬旦意指能唱又能打的女子
C/大花臉是刀馬旦的一種表演方式
D/青衣與刀馬旦均為「旦」的其中一種角色

20.「耍花槍，一個後空翻，腰身跟著轉，馬步，紮的穩當。」《刀馬旦》一詞中形容馬步要紮得穩，才是眞功夫。馬步爲練武的基本功，下列對「馬步」的相關形容何者有錯？

A/馬步是訓練下盤腰力的一種鍛鍊法
B/一種兩腿分開超過肩寬的半蹲姿勢
C/武術基本樁法之一
D/賽馬在行進中的步伐

21.《龍拳》歌詞中提到：「將東方的日出調整了時空，回到洪荒去支配去操縱。」這裡的「洪荒」指的是什麼意思？

A/洪水氾濫，猛獸出沒的軒轅氏時期
B/指混沌蒙昧遙遠的太古時代
C/漢文化的源頭，如：「天地玄黃、宇宙洪荒」
D/《封神榜》中華夏眾神祇統管的地方

22.對《龍拳》歌詞中所形容的「龍」這個概念，以下敘述何者有誤？

A/「龍」這個字最早出現於戰國末期
B/龍是中國人的圖騰象徵
C/華人中有以龍為姓氏
D/「天水」為龍氏的堂號之一

聖手書生蕭讓

23.《龍拳》歌詞中提到：「以敦煌爲圓心的東北東，這民族的海岸線像一支弓。」請問下列何者對「敦煌」這個地理位置的敘述並不正確？

A/敦煌為絲路必經之地
B/敦煌莫高窟為佛教遺址
C/敦煌位於河西走廊上
D/敦煌位於西域之北

24.在《爺爺泡的茶》歌詞內：「爺爺抽著煙，說唐朝陸羽寫茶經三卷，流傳了千年。」請問撰寫《茶經》的「陸羽」是哪一個朝代的人？

A/西晉
B/唐朝
C/北宋
D/東漢

25.在《爺爺泡的茶》的歌詞中，「他牽著一匹瘦馬走天涯」之語義與以下哪首詩詞的意境相符？

A/宋朝蘇軾的《江城子》
B/元朝馬致遠的《天淨沙・秋思》
C/唐朝李白的《長干行》
D/宋朝李清照《聲聲慢》

26.在《爺爺泡的茶》歌詞「陸羽泡的茶，像幅潑墨的山水畫」中，所提到的「潑墨山水畫」，下列哪幅字畫的畫風即爲傳統的「潑墨山水畫」？

A/北宋的《清明上河圖》
B/清郎世寧的《十駿圖》
C/范寬的《臨流獨坐圖》
D/王羲之的《蘭亭集序》

27.「陸羽泡的茶，像幅潑墨的山水畫。唐朝千年的風沙，現在還在颳。」這段《爺爺泡的茶》的歌詞所提及的唐朝是中國歷史上最爲強盛的朝代，文治武功，鼎盛一時。請問何者歷史事件不是發生在唐朝？

A/天寶十四年安史之亂
B/文成公主嫁吐番王
C/制定科舉制度
D/出現中國唯一的女皇帝武則天

28.《東風破》歌詞：「誰在用琵琶彈奏，一曲東風破，歲月在牆上剝落，看見小時候。」對於其所描述的「琵琶」，下面哪個選項不對？

A/琵琶在古代曾為彈弦樂器的統稱
B/唐代的琵琶，又俗稱胡琴
C/現今的琵琶樂器自秦朝已具雛型
D/「曲項琵琶」非中原地區固有之樂器

29.「一壺漂泊，浪跡天涯難入喉，妳走之後，酒暖回憶思念瘦。」此《東風破》歌詞中的「酒暖回憶思念瘦」其語意近似李清照《如夢令》裡的哪一句話呢？

A/昨夜雨疏風驟
B/濃睡不消殘酒
C/試問捲簾人，卻道海棠依舊
D/知否？知否？應是綠肥紅瘦

30.《雙刀》歌詞：「透過鏡頭重新剪接歷史給人的想像，八厘米紀錄片的橋段，隔著距離欣賞。」詞意中的「八厘米」指的是什麼意思？

A/底片膠捲的大小規格
B/指拍攝時間的長度
C/電影底片播放的速度
D/電影術語指懷舊黑白色系

31.在具民族風的《雙刀》歌詞中，下列哪一段的歌詞概念並不具備傳統認知中的東方元素？

A/我虔誠點的香
B/以牙還牙的手段
C/被雨淋濕的唐裝
D/丹鳳眼的目光

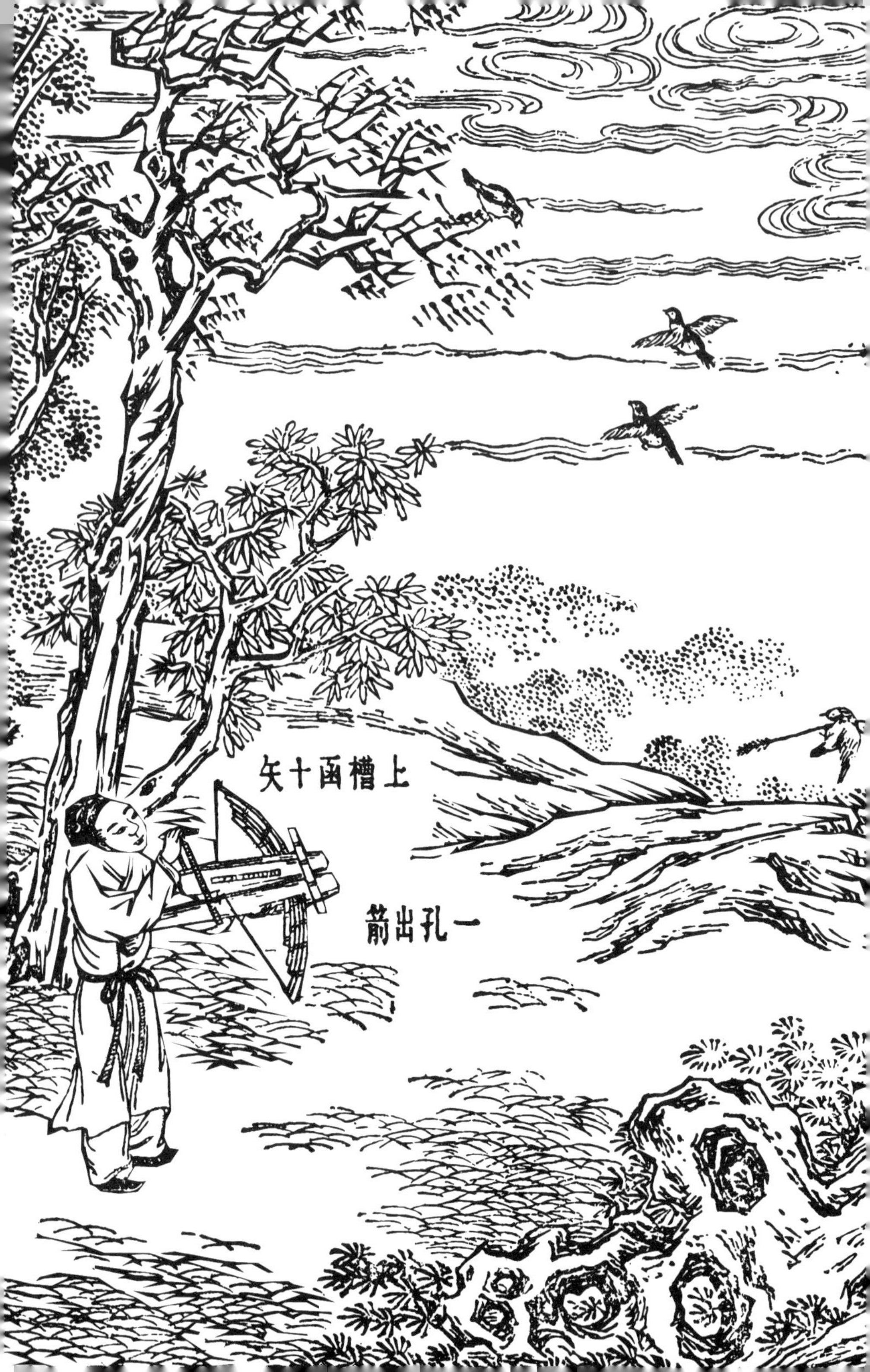
上槽函十矢
一孔出箭

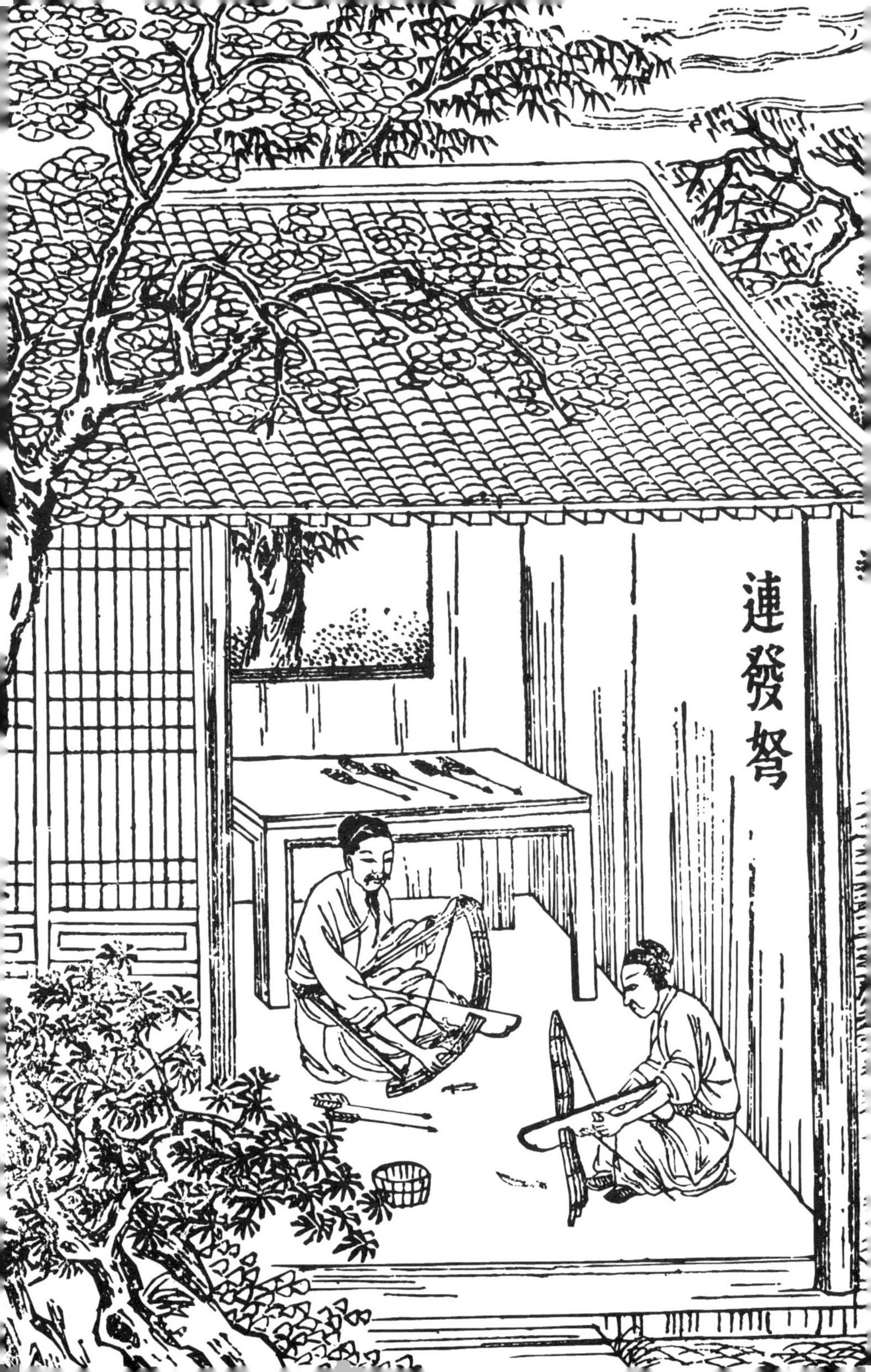
連發弩

32.《雙刀》歌詞：「被雨淋濕的的唐裝，那股嘆息很東方。」對現代武術格鬥裡常見的「唐裝」，下列的註解何者正確？

A/清朝八旗軍團練的功夫裝
B/唐裝其實就是中山裝
C/唐裝為改良唐代衣服所衍變的服裝
D/以上皆非

33.「妳的心痛，重覆中，是不是輪迴就有用，絲路起風，霧太濃，我看不到彩虹。」《敦煌》歌詞中的「絲路」此一名稱最早出於何部典籍？

A/義大利馬可・波羅的《馬可・波羅遊記》
B/德國地理學費迪南・馮・李希霍芬的《中國》
C/司馬光的《資治通鑑》
D/玄奘門人編集的《大唐西域記》

34.「一生行走望斷天崖，最遠不過是晚霞，而你今生又在哪戶人家，欲語淚先下。」《千年之戀》的歌詞中，「欲語淚先下」一句與「欲語淚先流」語意相同，而「欲語淚先流」語出「物是人非事事休，欲語淚先流，只恐雙溪舴艋舟，載不動許多愁。」請問這首詞爲何人所寫，其詞名爲何？

A/蘇軾的《西江月》
B/辛棄疾的《菩薩蠻》
C/李煜的《虞美人》
D/李清照的《武陵春》

35.《祭魂酒》歌詞：「月色嬋娟，笛聲遙遠，荒煙蔓草裡，走來一少年。」這裡的「嬋娟」指的是美好，除此之外尚有其他含意，下列何者並非它的解釋之一？

A/柔軟細緻的布料或衣物
B/形容姿態曼妙優雅
C/指美女、美人
D/形容月色明媚或指明月

36.《鷹之戀》歌詞：「長安一如過去，你側臉的髮際，在寂寞背風的山脊裡，嘜～嘜～嘜～淩空而去。」此內文中「長安」此一城市的稱謂是中國哪個朝代的君王率先使用的？

A/唐太宗李世民
B/漢武帝劉徹
C/漢高祖劉邦
D/隋文帝楊堅

37.《嘻遊記》的歌詞內文是取材自《西遊記》，而《西遊記》則是根據下列哪一本書所寫成的呢？

A/《三藏天竺取經記》
B/《大唐演義》
C/《大唐西域記》
D/《承恩外傳》

沙僧

38.《嘻遊記》歌詞中有：「他們說我是否章回小說看太多，突然想戒煙戒酒還想要修成正果。」「章回小說」是近代中國長篇小說的一種形式，那麼下列典籍何者不屬於「章回小說」？

A/元代王實甫的《西廂記》
B/元末施耐庵的《水滸傳》
C/明代蘭陵笑笑生的《金瓶梅》
D/清代曹雪芹的《紅樓夢》

39.「傳說中豬八戒怎麼吃還是很餓，而牠跟我一樣老是戒不了女色。」《嘻遊記》歌詞裡所提到的豬八戒，在西遊記中依佛教戒律被唐僧取名爲「八戒」，下列何者不是「豬八戒」的別稱？

A/悟能
B/天蓬元帥
C/豬剛鬣
D/八戒大聖

40.《嘻遊記》歌詞：「故事裡的唐僧師徒四人過沙漠，衆人來到西域取經直達天竺國。」這唐朝時期的「天竺國」爲今日的哪一國呢？

A/印度
B/尼泊爾
C/泰國
D/緬甸

41.在《嘻遊記》歌詞裡有：「沙悟淨他膀子上的九顆骷髏頭，加起來也沒有我所惹的麻煩多。」《西遊記》中的沙悟淨忠心耿耿，爲了保佑唐三藏順利取經，置生命於度外。下面哪一項敘述並不符合沙悟淨的背景？

A/本為靈霄殿捲簾大帝

B/外型為紅髮黑臉

C/因打破琉璃盞，被貶下凡塵

D/被罰居流沙河中，以捕魚為生

42.歌詞內容爲描述三國歷史的《亂舞春秋》裡，其「春秋」一詞借代修辭的語意對象爲何呢？

A/指朝代：如春秋戰國

B/指年齡：如成語《春秋鼎盛》

C/指典籍：如孔子所編之《春秋》

D/指歲月：如轉眼又幾度春秋

43.「東漢王朝在一夕之間崩壞興衰，九州地圖被人們切割成三塊分開。」在這段《亂舞春秋》歌詞裡的「九州」指的是？

A/日本列島其中一個島嶼

B/神話傳說中的國家

C/古代中國的代名詞

D/東漢時的州郡行政編制

44.《亂舞春秋》歌詞：「望著天，眼看北斗七星墜入地平線，瞬間，英雄豪傑猶如鬼魅般地出現。」其所描述的「北斗七星」，下列何者不是其中之一？

A/天樞
B/玉衡
C/玄武
D/搖光

45.在《亂舞春秋》歌詞裡「等到東方魚肚白，我再來跟你說嗨」中的「東方魚肚白」指的是什麼時間？

A/黎明時的天色
B/形容下午的太陽光
C/夕陽西下海面上迴游的魚群
D/正中午的陽光刺眼慘白

46.在《亂舞春秋》的歌詞中「讀三國歷史的興衰，想去瞧個明白，看看看就馬上回來」所提到的三國，究竟是哪三國？

A/魏、晉、蜀漢
B/魏、蜀、吳
C/東漢、蜀、東吳
D/劉備、孫權、曹操

47.《亂舞春秋》歌詞：「黃巾賊你不要吵倭，嘴裡有刀，說破歌謠，咱姥姥和水桿麵條，千年恩怨，一筆勾銷。」東漢末年，天災人禍，社會動盪不安，導致「黃巾之亂」。以下對「黃巾賊」之相關描述哪一項是錯的？

A/最早為一宗教組織，號為「一貫道」
B/首領為張角，冀州鉅鹿人
C/發生於靈帝中平元年
D/黃巾眾徒因以黃巾綁於頭，故而名之

48.《茶湯》歌詞：「山嵐像茶杯上的雲煙，顏色越來越淺，你越走越遠，有好多的話，還來不及兌現，你就不見。」這整段歌詞所欲表達的意境相當於下列什麼意思呢？

A/霧氣瀰漫讓愛情失去了方向
B/遠距離的感情註定越談越淡
C/感情像飄渺的雲煙還未決定歸屬
D/當初的承諾如雲煙般消失不見

49.「那莊稼已經幾次秋收，麥田幾次成熟，於是我焚香，安靜的難過，你還是一直沒有回來過。」這《茶湯》歌詞中的「莊稼」指的是？

A/大規模栽培農作物的場所
B/以耕種農作物為職業的人
C/農作物的統稱
D/以農業生產為業的村莊

50.「慾望它正在分贓，我用亢龍有悔闖，闖過了人性的貪，你我龍戰於野一場，飛龍在天隱藏，我的忐忑不安被染黃，面對赤裸的謊，堅持潛龍勿用不慌張，頹廢它一路沮喪，我用神龍擺尾轉彎，轉了幾道彎開始療傷，見龍在田我難堪，時乘六龍僞裝，七情六慾全走樣，雙龍取水取月光，我一口飲盡了一夜的風霜。」這段《祥龍十八掌》歌詞中的武功招式如「亢龍有悔，龍戰於野，飛龍在天，潛龍勿用，神龍擺尾，見龍在田，時乘六龍，雙龍取水」等，除「雙龍取水」取自佛經外，其餘皆源自哪部古代典籍呢？

A/《易經》之卦名
B/《詩經．國風篇》
C/《孫子兵法》
D/《易筋經與洗髓功》

51.「要怎麼清除耳朵，聽到的那些醜陋，合掌唸大悲咒，我練神還虛被外界反駁，氣沉丹田的我，把懦弱燒練成了爐火。」此《祥龍十八掌》歌詞中的「大悲咒」是《大悲心陀羅尼經》中的主要部分，熟習佛經是佛門子弟悟道的重要過程，下列何者不屬於佛教的經典？

A/《四十二章經》
B/《法華經》
C/《南華真經》
D/《華嚴經》

52.歌名《祥龍十八掌》靈感來自金庸小說中郭靖從洪七公處習得的「降龍十八掌」招式，請問此處所說的「降龍十八掌」出自金庸哪一部小說呢？

A/《笑傲江湖》
B/《射鵰英雄傳》
C/《倚天屠龍記》
D/《天龍八部》

53.「彎成一彎的橋樑，倒映在這湖面上，你從那頭瞧這看，月光下一輪美滿。」《牡丹江》的此段歌詞是形容哪種自然而然形成的景色？

A/月光與橋樑並行成二道彎
B/倒映在湖面上的月光象徵美滿
C/橋樑倒影在水面上恰與橋樑形成一個圓
D/月下的美景在橋上一覽無遺

54.《牡丹江》歌詞：「誰在門外唱那首牡丹江，我聆聽感傷你聲音悠揚，風鈴搖晃清脆響，江邊的小村莊午睡般安祥。」這裡所指的「牡丹江」確實存在，請問它流經中國哪一省境內？

A/黑龍江省
B/遼寧省
C/內蒙古
D/河北省

55.「時間讀秒了斷，榮辱的瞬間在，這一方桌上，車馬炮帥仕相，我在調兵遣將，堅守面子的牆。」《棋王》歌詞中所描述的「車馬炮帥仕相」爲象棋遊戲中之棋名，以下描述之內容何者不是指「象棋」？

A/唐代牛僧儒《玄怪錄》：「巴邛人剖橘而食，橘中有二叟弈棋。」
B/南宋洪邁《棋經論》：「夫弈棋者，要專心、絕慮，靜算待敵，坦然無喜怒掛懷。」
C/鍾阿城《棋王樹王孩子王》：「可你記住，先說吃，再說下棋。」
D/張系國《棋王》：「我不需要未卜先知，我自己會下。」

56.關於《棋王》歌詞中「九宮格，是棋盤，最後的抵抗，問將軍誰喊，誰又投降。」所指的「九宮格」，以下何者的描述是錯的？

A/九宮格為漢朝掌握博奕之官職名
B/初學碑帖的界格紙，相傳由唐朝開始流傳
C/將(帥)士(仕)之活動範圍僅能在棋盤的九宮格內
D/在正方形內劃分均等之九格便於臨帖

57.《髮如雪》歌詞：「緣字訣，幾番輪迴，妳鎖眉，哭紅顏喚不回。」其「紅顏」是借代修辭的一種用語，主要有二種轉借涵義，一是指青春、年少；另一個則專指女性、美女。那麼「紅顏薄命」這句成語最初出自哪部典籍呢？

A/元無名氏《鴛鴦被》
B/清朝曹雪芹的《紅樓夢》
C/西晉陳壽《三國志》
D/明代蘭陵笑笑生的《金瓶梅》

58.「狼牙月，伊人憔悴，我舉杯，飲盡了風雪。」關於上述《髮如雪》歌詞中所描述的「狼牙月」，下列何者的形容爲正確?

A/月亮像狼牙呈鐮刀型勾狀
B/狼的牙齒像月亮潔白
C/月色像狼牙般的斑駁米黃
D/用狼牙棒之狼牙來形容痛心

59.「極凍之地，雪域有女，聲媚，膚白，眸似月，其髮如雪；有詩嘆曰：千古冬蝶，萬世淒絕。」此句與《髮如雪》歌詞相關之引言，到底引用自何人的作品？

A/西晉司馬堯龍《冬蝶之方》
B/東漢張戎將軍《雪域檄文》
C/漢代李闢中《漠北胡姬山》
D/以上皆非

60.《髮如雪》歌詞中「繁華如三千東流水，我只取一瓢愛了解」的概念出自《紅樓夢》第九十一回：「寶玉呆了半晌，忽然大笑道：任憑弱水三千，我只取一瓢飲。」其原義所指爲何？

A/指一個人的感情專一
B/追求的對象眾多
C/沉溺淪陷於愛情中
D/因思念而虛弱的身體

61.「狼牙月，伊人憔悴，我舉杯，飲盡了風雪。」以上《髮如雪》歌詞中所謂「伊人」一語出自《詩經・秦風・蒹葭篇》：「蒹葭蒼蒼，白露爲霜。所謂伊人，在水一方。」「伊人」一詞在現今的用法專指？

A/年輕的女性
B/暗戀喜歡的女孩
C/心目中的意中人
D/以上皆是

62.《霍元甲》中的「霍元甲」確有其人，並且爲一代武術宗師，他出生於中國的哪一省市呢?

A/廣東省
B/河北省
C/天津市
D/北京市

63.《霍元甲》歌詞：「江湖難測，誰是強者，誰爭一統武林的資格。」對這裡所謂的「武林」，以下何者選項才是對的？

A/武館鏢局林立的地方
B/江湖的同義詞
C/武術界各門派的泛稱
D/綠林好漢聚集之地

64.關於《霍元甲》歌詞裡「江湖難測，誰是強者，誰爭一統武林的資格」所指的「江湖」，以下何者的敘述是錯的？

A/喻見多視廣之負面人物，如：老江湖
B/是非紛擾之地，如：江湖險惡
C/原指鄉野草莽，今則指人生社會
D/專指武術高強之人

65.《花戀蝶》歌詞：「幽幽歲月，浮生來回，屏風惹夕陽斜，一半花謝，一半在想誰，任何心事妳都不給。」此處的「浮生」容易讓人聯想起清人沈三白的《浮生六記》與「偷得浮生半日閒」與「浮生若夢」等成語。那麼請問以下註解何者才是歌詞中之「浮生」正解？

A/人生如同浮萍一樣，東飄西蕩的不安定
B/輕浮的人生，實在沒什麼好認真的
C/人一生如水流般永不回頭
D/流浪般的人生，了無生趣

66.「油盡燈滅，如斯長夜，我輾轉難入睡，柳絮紛飛，畢竟不是雪，感覺再也找不回。」《花戀蝶》歌詞中的「柳絮紛飛，畢竟不是雪」其典故來自《世說新語・言語篇》：「謝太傅寒雪日內，與兒女講論文義，俄而雪驟，公欣然曰：『白雪紛紛何所似？』兄子胡兒曰：『撒鹽空中差可擬。』兄女曰：『未若柳絮因風起。』公大笑樂。」此典故中到底誰形容下雪的比喻最爲貼切呢？

A/謝太傅
B/太傅之公公
C/太傅兄之女
D/兄子胡兒

67.「小橋流水，花戀蝶，風輕輕的吹，往事莫追，妳了解，我等的是誰。」《花戀蝶》這歌名將舊有的「蝶戀花」詞牌名對調，形成了另一種愛情裡角色互換的趣味，以下對於「詞牌名」的敘述何者有誤？

A/詞最初是和曲而唱，曲有規定的曲調，曲調即稱為詞牌

B/宋代以後，詞根據曲調來填詞，詞牌與詞的內容有關

C/當詞完全脫離曲之後，詞牌便只指示詞的文字音韻結構

D/一些詞牌除了正名之外，還有其他異稱

68.歌名《千里之外》語出《史記・高祖本紀》：「夫運籌帷幄之中，決勝千里之外，吾不如子房。」這句話中的「千里之外」原意爲何呢？

A/運送千里之遙的物資

B/帳篷綿延數千華里

C/指揮千里之外的戰局

D/戰況的回報往返需數千里

69.「屋簷如懸崖，風鈴如滄海，我等燕歸來。」這段《千里之外》的歌詞，其語意相近於下列哪段的描述？

A/在瀕臨懸崖的險境中力圖振作

B/在危險的邊緣仍應對愛保持信心

C/南下的候鳥返回巢穴

D/被動苦守著一段感情

70.《千里之外》的歌詞：「聞淚聲入林，尋梨花白，只得一行青苔。」跟王維的詩《鹿柴》：「空山不見人，但聞人語響，返景入森林，復照青苔上。」意境相似，它們的共通語意爲何呢？

A/一種低吟悲傷的愁緒
B/感嘆歲月流逝的無情
C/尋幽探訪後的莫名空寂感
D/因景物引發思鄉之情

71.在《本草綱目》的歌詞中，包括「山藥、當歸、枸杞」等在內，總共出現幾種中藥的名稱呢？

A/十四種
B/十五種
C/十六種
D/十七種

72.在《本草綱目》的歌詞中提到「龜苓膏、雲南白藥、還有冬蟲夏草」，其中冬蟲夏草與人蔘、鹿茸並列中醫三大補品，那麼下列何者對「冬蟲夏草」的描述是錯的？

A/為某種蛾類的幼蟲
B/在《本草綱目》中被記載為藥
C/主產地之一在青藏高原
D/感染真菌後冬天硬化為草

73.《本草綱目》是部中國古代漢方醫書鉅著，其作者為何朝代之人呢？

A/東漢末年的華陀
B/明朝的李時珍
C/戰國的扁鵲
D/宋代的宋慈

74.《本草綱目》中有段歌詞：「小殭屍蹲，又蹲，小殭屍蹲，暗巷點燈。」其中所描述的「殭屍」為中國民間傳說裡的一種鄉野鬼怪傳奇，下列對其傳說的形容何者有誤？

A/殭屍最忌怕銀製的利劍
B/為防屍變，可用生雞血寫符貼於其額頭上
C/傳說潑灑黑狗血可防屍變
D/清朝年間盛傳湘西一帶有趕屍行業

75.在《菊花台》歌詞裡「北風亂，夜未央，你的影子剪不斷」中的「夜未央」指的是相當於什麼時間？

A/夕陽西下
B/傍晚時分
C/三更半夜
D/天剛破曉

76.《菊花台》歌詞：「花落人斷腸，我心事靜靜躺。」下列哪句成語跟「花落人斷腸」的詞意相近？

A/落花流水
B/藕斷絲連
C/柔腸寸斷
D/斷箭療傷

77.在《菊花台》這首歌有段描繪：「北風亂，夜未央，妳的影子剪不斷，徒留我孤單在湖面，成雙。」依歌詞所描寫的意境「在湖面成雙」指的是？

A/二個人最終還是復合成雙
B/戀人的影子在水中剪不斷
C/在湖面上看見戀人的影子
D/剩湖面裡的影子與自己成雙

78.「血染盔甲，我揮淚殺，滿城菊花，誰的天下，宮廷之上，狼煙風沙，生死不過，一刀的疤。」以下對於《黃金甲》歌詞中「狼煙」之敘述，何者有誤？

A/古代燃放狼煙以示投降
B/戍守邊境的軍隊，用狼煙來傳遞消息
C/相傳是焚燒狼糞的烽煙
D/後世以狼煙比喻戰爭、兵亂

萬人敵
令

79.「血染盔甲，我揮淚殺，橫刀立馬，看誰倒下，愛恨對話，歷史留下，誰在亂箭之中瀟灑。」下列哪一句成語與《黃金甲》歌詞中「橫刀立馬」的意義最爲相近？

A/一夫當關
B/兵馬倥傯
C/強弩之末
D/神工鬼斧

80.「敦煌的駝鈴，隨風在飄零，那前世被敲醒，輪迴中的梵音，轉動不停。」《大敦煌》歌詞中的「梵音」爲頌唱佛經的聲音，同時也是大梵天王發出的五種清淨之音，以下哪一音不在「五音」之列？

A/和雅
B/密咒
C/清徹
D/正直

81.《大敦煌》歌詞裡提及：「我用佛的大藏經念你的名，輕輕呼喚我們的宿命。」此處所說的《大藏經》爲佛家諸典的總集，經過衆人長期而有系統的彙整之後，才使得「法行得建立，法典得流傳，佛學有所依，佛教有所詮。」那麼最早促使編成的皇帝是誰？

A/梁武帝
B/漢武帝
C/周武帝
D/宋武帝

82.「我用飛天的壁畫描你的髮，描繪我那思念的臉頰，我在那敦煌臨摹菩薩，再用那佛法笑拈天下。」《大敦煌》歌詞中所出現的「菩薩」在佛教中有很多以祂爲名的神祇，如觀世音菩薩，藥王菩薩，地藏王菩薩，文殊菩薩等，請問下列對「菩薩」的敘述何者才是正確？

A/觀音其實就是菩薩的另一個代稱
B/菩薩是僅低於佛祖的神祇
C/信仰佛教者，往生後均敬稱為菩薩
D/菩薩為一種稱號，統稱某階段的修行者

83.「回憶像個說書的人，用充滿鄉音的口吻，跳過水坑，繞過小村，等相遇的緣份。」《小小》歌詞中充滿鄉音的口吻，讓人聯想到「鄉音無改鬢毛衰」，而這句話出自賀知章《回鄉偶書》：「少小離家老大回，鄉音無改鬢毛衰；孩童相見不相識，笑問客從何處來。」請問下面關於「鄉音」的描述何者是錯的？

A/鄉下人説話的腔調
B/居住在鄉村的人的口音
C/指不同省份的方言
D/相對於遊子而言的家鄉話

84.「我夢回，夢紅樓，妳眉間一抹秋，前塵往事被我們微笑帶過。」《夢紅樓》歌詞中的「夢紅樓」借代自描寫賈府一家興衰起落的文學大作《紅樓夢》，請問關於《紅樓夢》的敘述，下列哪項有誤？

A/為中國古典文學四大名著之一
B/原名《石頭記》
C/寫成時間於清代
D/前四十回為高鶚所著，後八十回由曹雪芹增補。

85.歌名《夢紅樓》借代自《紅樓夢》，那《紅樓夢》中最逗趣的就是劉姥姥逛大觀園一幕了，請問此一橋段之寓意爲何？

A/形容不懂禮節，上不了檯面
B/形容老當益壯，身體健朗
C/形容少見多怪，大開眼界
D/形容久別重逢，近鄉情怯

86.「聽我說武功，無法高過寺院的鐘，禪定的風，靜如水的松。」《無雙》歌詞中以「禪定」來形容「風」的狀態，請問這是使用了哪一種修辭法？

A/誇飾
B/轉品
C/譬喻
D/轉化

87.《無雙》歌詞中有：「我命格無雙，一統江山，狂勝之中，我卻黯然語帶悲傷。」在此先不管詞意的聯貫性，單單就字面意義而言，「命格無雙」這四個字的意思是？

A/命中帶有紫微斗數的無雙煞
B/雙胞胎的命運也不盡相同
C/沒有人的命運是一模一樣的
D/命運的天地格數是雙號

88.「殘缺的老茶壺，幾里外，馬蹄上的塵土，升狼煙的城池，這種世道叫做亂世。」《無雙》歌詞中的「世道」意指社會情勢，與「世路」相通。請問下面哪句的用法不在此意？

A/「冷暖俗情諳世路，是非閒論任交親。」
B/「外甥年輕，不知世路，在外住著，恐有人生事。」
C/「此世道往城下去，越過小溪，便可見龍門客棧。」
D/「在閨閣中固可為良友，然於世道中未免迂闊怪詭，百口嘲謗。」

89.《無雙》歌詞：「我敲木魚，開始冥想，這場戰役，我攻城掠地，想冷血你需要勇氣，揮劍離去，我削鐵如泥。」寺廟中常見師父邊念經邊敲木魚，相傳是因爲「魚晝夜常醒，刻木像形擊之，所以警昏情也。」請問此句典故語出？

A/唐代高僧懷海禪師所撰之《敕修清規》
B/唐代玄奘大師的《指歸曲》
C/明代王圻的《三才圖會》
D/宋代呂大臨的《考古圖》

90.《青花瓷》中「素胚勾勒出青花筆鋒濃轉淡，瓶身描繪的牡丹一如妳初妝。」國色天香的牡丹又有富貴花的稱號，自古以來皆爲文人墨客的詠嘆對象，或借之抒發情感。請問下列哪一段詩描述的意境與「牡丹」無關？

A/唐代徐凝：「虛生芍藥徒勞妒，羞殺玫瑰不敢開。」
B/唐代黃巢：「沖天香陣透長安，滿城盡帶黃金甲。」
C/唐代白居易：「花開花落二十日，一城之人皆若狂。」
D/唐代李白：「雲想衣裳花想容，春風拂檻露華濃。」

91.「冉冉檀香透過窗心事我了然，宣紙上走筆至此擱一半。」《青花瓷》歌詞中提及的「宣紙」享有「千年壽紙」的美譽，爲紙中之王，是古代重要的書寫工具。請問以下關於「宣紙」的描述哪項有誤？

A/宣紙為西漢人蔡倫發明

B/最早產於安徽省涇縣

C/宣紙一詞最早見於唐人張彥遠著的《歷代名畫記》

D/《紅樓夢》中的雪浪紙，就是宣紙

92.《青花瓷》歌詞：「釉色渲染仕女圖韻味被私藏，而妳嫣然的一笑如含苞待放。」從《青花瓷》歌詞中所說的「仕女圖」可窺見中國女子的樣貌與當時代的審美觀，請問下列哪幅名畫不是「仕女圖」？

A/唐代周昉的《簪花仕女圖》

B/明代唐寅的《春山伴路圖》

C/北宋王居正的《紡車圖》

D/東晉顧愷之的《女史箴圖》

93.「天青色等煙雨，而我在等妳，炊煙裊裊昇起，隔江千萬里。」此《青花瓷》歌詞中的「天青色等煙雨，而我在等妳」之靈感源自「雨過天青雲破處，這般顏色做將來」，而此話據傳語出五代後周柴世宗，是柴世宗對其御用柴窯出品的陶瓷的贊語。以下何者對「天青色」的描述有誤？

A/天青色為汝窯瓷欽定的顏色名

B/天青色為驟雨過後的天空色

C/天青色是形容即將下大雨的顏色

D/天青色即是所謂的淺藍色

# 昭君琵琶怨

光采動人一笑春風輕粉黛

丹青誤妾兩行淚雨濕琵琶

94.「在瓶底書漢隸仿前朝的飄逸，就當我爲遇見妳伏筆。」中國文字的發展包含甲骨文、金文以及篆隸楷行草等許多階段，在《青花瓷》詞中所提到的「漢隸」即爲其中的隸書，請問下列哪位書法大家的作品就是屬於「隸書」呢？

A/元代王羲之的《蘭亭集序》
B/宋代蘇軾的《黃洲寒食詩帖》
C/唐代韓擇木的《告華岳文》
D/唐代柳公權的《玄祕塔碑》

95.歌名《青花瓷》爲白地藍花釉下彩的瓷器，以景德鎮出廠的瓷器品質最佳，聞名於世。請問由近代出土證據顯示，「青花瓷」最早源於哪一個朝代？

A/唐代
B/宋代
C/元代
D/明代

96.「色白花青的錦鯉躍然於碗底，臨摹宋體落款時卻惦記著妳。」在此段《青花瓷》歌詞中提到的「宋體」爲宋代的刻書字體，至今在平面印刷物上仍被運用得很廣泛。請問根據史載，此字體最初由誰統一使用？

A/秦檜
B/米芾
C/黃庭堅
D/蘇軾

97.「簾外芭蕉惹驟雨門環惹銅綠，而我路過那江南小鎮惹了妳。」這段《青花瓷》歌詞一共用了三個「惹」字，此為修辭學中的類疊法；即反覆使用同一個詞、語、句子的修辭法。除此之外，這句由「惹」連接的句子還具備了修辭法中的「轉化」用法。請問下列歌詞中，哪一句用法並不符合修辭學中的轉化？

A/《髮如雪》：「是誰打翻前世櫃，惹塵埃是非。」
B/《嘻遊記》：「沙悟淨他膀子上的九顆骷髏頭，加起來也沒有我所惹的麻煩多。」
C/《小小》：「小小的感動雨紛紛，小小的彆扭惹人疼。」
D/《花戀蝶》：「幽幽歲月，浮生來回，屏風惹夕陽斜。」

98.《周大俠》歌詞：「吹彈可破的肌膚在試練我功夫，功夫(功夫)，功夫(功夫)，趕緊穿上旗袍，免得你說我吃你豆腐。」此段詞裡的「旗袍」為中國的傳統服式，它是由滿族旗人婦女的服裝演變而來，並隨清朝建立引入中原。以下對「旗袍」的描述何者才是對的？

A/旗袍為旗人自古相傳的祭典服裝
B/旗袍是旗人民族服裝為成年禮時所穿著
C/發明旗袍的旗人具有蒙古血統
D/旗袍經過改良後現為國際場合的代表性禮服

99.「落花配對夕陽，翻山越嶺渡過江，我清一清嗓，清一清嗓，唱起秦腔。」在《周大俠》歌詞中的「秦腔」為甘肅、陝西一代發展出來的民間歌舞，因為彈奏樂器與其他因素而出現不同的別名，其中不包括？

A/桄桄子
B/東路調
C/梆子腔
D/亂彈

100.「我在武功學校裡學的那叫功夫，功夫(功夫)，功夫(功夫)，趕緊穿上旗袍，免得你說我吃你豆腐。」《周大俠》歌詞中所提到的「豆腐」爲古代中國獨自研發出來的特色食物，據傳爲漢淮南王劉安所發明，以下何者對「豆腐」的描述爲錯的呢？

A/豆腐的成份之一為石膏

B/豆漿為豆腐的主要原料

C/唐朝時豆腐專門進貢給帝王食用

D/安徽淮南有中國豆腐之鄉的美名

*中國風歌詞大會考答案請見後折口內*

文山流 02

# 中國風——歌詞裡的文字遊戲

作者・方文山
Blog:www.wretch.cc/bolg/fanwenshan(方道・文山流)

發行人 方文山
總編輯 管中琪
藝術總監 黃俊郎
編輯協力 黃婕熙
封面插畫 胡秋（葉士豪）

出版社 第一人稱傳播事業股份有限公司
地址 105台北市松山區長春路447號11樓
讀者服務專線 （02）2546-2926
傳眞 （02）2547-5670
Email firstman07@gmail.com
Blog http://blog.roodo.com/firstman

總經銷 農學股份有限公司
電話 （02）2917-8022
地址 231台北縣新店市寶橋路235巷6弄6號2樓

印刷 聯杰印刷事業有限公司
電話 （02）2500-6265
初版首刷 2008年6月
定價 NT:240元

ISBN 978-986-83940-2-5


*特別感謝洪明地老師協助〈歌詞裡的修辭學〉單元整理。

國家圖書館出版品預行編目資料

中國風：歌詞裡的文字遊戲／ 方文山 著.

初版. 一臺北市 ： 第一人稱傳播，2008. 05
面 ； 公分. 一 （文山流 ； 2）

ISBN 978-986-83940-2-5（平裝）
當代詩歌 2. 流行歌曲

851.486 97005684